成就顶尖高手代表作
让阅读更有价值

蝶变

打开数业时代新图景

杨学成 ◎ 著

北京联合出版公司
Beijing United Publishing Co.,Ltd.

图书在版编目（CIP）数据

蝶变.5,打开数业时代新图景 / 杨学成著.
北京：北京联合出版公司,2024.8. -- ISBN 978-7
-5596-7751-8

Ⅰ.F49-49

中国国家版本馆CIP数据核字第2024BP8992号

Copyright © 2024 by Beijing United Publishing Co., Ltd.
All rights reserved.
本作品版权由北京联合出版有限责任公司所有

蝶变.5,打开数业时代新图景

杨学成　著

出　品　人：赵红仕
出版监制：刘　凯　　赵鑫玮
选题策划：
策划编辑：王留全　　李俊佩
特约编辑：赵璧君
责任编辑：蒯　鑫
装帧设计：聯合書莊

关注联合低音

北京联合出版公司出版
（北京市西城区德外大街83号楼9层　100088）
北京联合天畅文化传播公司发行
北京美图印务有限公司印刷　新华书店经销
字数119千字　880毫米×1230毫米　1/32　7.25印张
2024年8月第1版　2024年8月第1次印刷
ISBN 978-7-5596-7751-8
定价：78.00元

版权所有，侵权必究
未经书面许可，不得以任何方式转载、复制、翻印本书部分或全部内容。
本书若有质量问题，请与本公司图书销售中心联系调换。电话：（010）64258472-800

目 录

序　章　　　　　　　　　　　1

第 1 篇　数之生　　　　　001

第 1 章　数数　　　　　005

第 2 章　存数　　　　　017

第 3 章　算数　　　　　031

第 2 篇　数之用　　　　　051

第 4 章　算力　　　　　055

第 5 章　数能　　　　　069

第 6 章　数业　　　　　　　　　　089

第 3 篇　数之化　　　　　　　　　103

　　第 7 章　精通　　　　　　　　111

　　第 8 章　模进　　　　　　　　135

　　第 9 章　变态　　　　　　　　153

　　第 10 章　循证　　　　　　　179

尾　章　　　　　　　　　　　　　201

后　记　　　　　　　　　　　　　207

序　章

一

　　数据是人造之物。人类使用数据的历史长达几千年，但每实现一次数据生产效率的提升，都离不开艰辛的技术创新。甚至为了获得单单一个数据，就要付出好几代人的不懈努力。

　　肇始于500多年前的大航海时代，涌现出了西班牙、荷兰、葡萄牙、英格兰等称霸海洋的强国。但是，最终大英帝国得以崛起，掌握了长达100多年的海上霸权。其幕后功臣，是英国率先做出的、性价比很高的航海天文钟。有了这个装置，就能准确测定经度，从而让航行在茫茫大海上的船只时刻都能知道自己的位置坐标。

蝶变 5：打开数业时代新图景

众所周知，海上定位的精准程度关乎船只和船员的生死，大航海时代可没有现在我们习以为常的全球定位系统（GPS），更没有北斗系统。彼时，船员们虽然可以利用北极星与地面的夹角来推算纬度，却一直没有可靠的手段来计算经度。1707 年，英国皇家海军 4 艘舰艇在返航途中遭遇大雾，由于无法准确定位而触礁沉没，船上将近 2000 人不幸遇难。这起事件让英国政府意识到测定经度的重要性和紧迫性。1714 年，英国议会正式通过《经度法案》，悬赏 2 万英镑征集确认经度的简易办法，要求解决方案"能够将经度确定到半度范围内"。为此，英国皇家学会甚至专门成立了著名的"经度委员会"（Longitude Board），请来包括牛顿在内的许多著名科学家参与研究并担任评委。与此同时，荷兰、西班牙、法国等国也对经度问题提出高额悬赏，期待有能力的人前来"揭榜"。一场没有硝烟的"经度大战"就此拉开帷幕……

经度测定的难点在于，地球一直在自转，任何天然的办法都无法确定零经度的位置，只能依靠人为规定。这相当于，经度并非是一个等待我们去发现的客观存在，而是必须利用人类的主观意志来凭空创造的数据概念。那么，我们怎么才能得到准确的经度呢？其实办法是有的，那就是借助另

序 章

一个数据——时间——来反推经度。其背后的原理是，我们已知地球每24小时会自转一周，也就是360度。换算一下，相当于每小时自转的经度是15度。由此，只要能够知道两个地点的时间差，就能知道这两地之间的经度差。举个例子，如果知道一个地方的中午12点正好是北京的上午10点，那么这个地方就位于北京以东30经度的地方。

那么问题来了，怎么确定时间？当时虽然已经有了相对准确的计时工具，但这些机械装置的钟表还比较粗糙，只适合在陆地上、固定的情况下，或者在平静的海面上才能做到走时准确。几乎所有的钟表，都解决不了在海上颠簸状态下实现正常走时的难题，所以都还不能被称作"航海钟"。

戏剧性的是，正当那些大科学家和大天文学家一筹莫展之时，一位名不见经传、自学成才的钟表匠约翰·哈里森（John Harrison）站了出来——此时的他20岁出头的年纪，血气方刚，声称要跟经度死磕到底。1726年，哈里森造出了不受温度变化影响的栅形补偿摆，之后为了解决海船晃动的问题，他取消了钟摆，用弹簧代替。1735年，哈里森研制出了第一台航海钟——"哈里森1号"（简称H-1），但很快发现存在缺陷，不得不继续改进；1741年，哈里森又制作出了优化改进后的H-2，但依然存在致命缺点；于是，哈里森又花了 16 年时间制作出了 H-3。

这三台航海钟都是庞然大物,因为当时的钟表界普遍观念是"越大越稳,越稳越准"。后来,一次偶然的事件让哈里森意识到,很可能"小的才更准"。于是,哈里森果断推倒重来,开始制作 H-4。1759 年,哈里森终于造出了航海钟 H-4,直径只有 13 厘米,重 1.36 千克。在通过 6 周不调时、50 摄氏度温差考验后,哈里森的航海钟误差仅 5 秒钟。然而由于种种原因,哈里森并未获得经度委员会的奖金,但国王特批了一笔奖金给他,以表彰他对航海事业的重大贡献。此时哈里森已届 80 岁高龄,为了测量航海经度,他整整奋斗了一生。

至此,探索大海对于英国人来说不再茫茫未知,而是变得轻车熟路了,这使得英国人在海洋竞争中领先群雄。航海钟(H-4)制作完成后的第四年(1763 年),英国打赢了"英法七年战争",由此奠定了海上霸主的地位。此后,随着工业革命的到来,英国开始进入"日不落帝国"时代。[1]

如今,人类已经开发出了更加精准、稳定的计时工具——原子钟。1989 年 2 月 14 日,第一颗全球定位系统卫星

---

[1] 有关经度测量的历史,可参见:[美]达娃·索贝尔,《经度:一个孤独的天才解决他所处时代难题的真实故事》,肖明波译,上海人民出版社 2007 年版.

序章

进入太空轨道；1995年7月17日，GPS具备了全面运营的能力，总部位于科罗拉多州科罗拉多斯普林斯市的施里弗空军基地，由24颗卫星组成，在地球上空1.7万公里处绕地球运行，雇用了约8000名军事和文职人员，分布在全球的5个监测站，成为人类有史以来设计建造的最大监测系统。GPS卫星都配备了一个原子钟，计时可以精确到纳秒。目前，有64亿台设备在接收来自GPS和其他卫星导航系统的信号。2020年6月23日，中国"北斗三号"第30颗卫星由"长征三号"乙运载火箭发射升空，经历5次变轨后顺利进入距离地球3.6万公里的圆形轨道。这标志着"北斗三号"组网任务画上圆满句号，"北斗三号"全球卫星导航系统正式建成开通，为全球用户提供服务。在"北斗三号"组网卫星工程中，共有16台氢钟发射入轨应用，每天误差仅零点几纳秒，约合数百万年才有1秒误差，确保了北斗卫星导航系统的时间基准精度。

如今，全球定位系统和北斗卫星导航系统通过向地面精准授时，来时刻帮助我们确定精确的地理坐标。可以说，经度已经渗入我们每个人的日常生活。经度，这个"人造之数"，成功将时间和空间进行了数据化，并使之构建出我们当今最大的生活现实。

二

我们现在生活的时代，处处都有大量的数据围绕。甚至可以说，我们正在经历的是"数据大航海时代"，横在我们眼前的不是茫茫无际的实际海域，而是汹涌澎湃的数据之海。到底如何认知数据？在党的十九届四中全会上，我国率先将数据正式定义为一种"生产要素"。要知道，一项资源一旦被定义为生产要素，那就相当于它具备塑造一个时代的潜力。之前能够称得上生产要素水平的资源，无非四种：土地、劳动力、技术和资本。前两者是农业时代不可或缺的要素，后两者则支撑了整个工业时代。现在，数据作为生产要素粉墨登场，我们即将迈入的就是"数字产业时代"（简称"数业时代"）。

明确了数据的生产要素地位以后，我国近几年来围绕数据生产要素进行了一系列的基础设施建设和顶层设计，从硬件和软件两个方面夯实了未来数字经济发展的根基。相应地，一波全新的造富运动正在拉开大幕。

观察一个趋势或者热点，首先得弄清楚背后的核心脉络以及本质逻辑，然后才能看清未来的发展方向，以及可能会遇到的困难与挑战。数据生产要素这件事情，同样是多重力

序 章

量叠加与汇流的结果。

第一，数字技术这条大船已经成功让中国上岸。应该说，遍观全球数字经济发展大势，中、美是两个最大的受益国，也是为数字经济潜力发挥做出最大贡献的国家。

美国之"美"，在于数字技术的创新能力上。可以说美国目前矗立在全球数字技术创新的浪潮之巅。我曾将重要的数字技术归纳为一个单词：BASIC，其中 B 这个字母代表大数据（Big Data）和区块链（Block Chain），A 这个字母代表人工智能（Artificial Intelligence，AI），S 代表安全（Security），I 代表物联网（Internet of Things，IoT），C 代表云计算（Cloud Computing）。以上所有这些重要的数字技术，第一发源地都是美国，说美国是全球数字技术创新的制高点并不为过。

中国之"中"，在于数字技术的应用上。没有哪个国家能像中国这样，把数字技术的价值挖掘到如此深入的程度，就连美国也不行。更重要的是，除了庞大的网民基数，中国还涌现出了大量的数字企业，而且这些数字企业的体量和规模在世界范围内都做到了数一数二，呈现出强劲的发展势头和强大的国际竞争力。在这样的背景下，中国数字企业再往前走，就没人给你"带线"了，甚至在数字经济的很多领域，我们连并肩者都找不到。到了这一境地，是时候走出我们自己的路了。

第二，技术、市场、资本三者之间的紧密连接被斩断。过去，美国创新技术，中国提供市场，最后再回到美国资本市场变现，这是中国多数互联网公司走得非常顺、非常丝滑的一条路。这条数字经济中的"微笑曲线"曾经十分迷人，但在百年未有之大变局的现在，这条曲线已经被变乱交织的世界局势"五马分尸"，散落一地，过去的经验变成了最大的障碍。由此，国际间的大循环不得不转变为一国内部的内循环。这意味着，每个经济体都需要自身有能力解决整个价值链上的所有事项，单一环节的优势发挥让位于整个系统的激烈竞争。

在这样的大背景下，美国资本市场对"中概股"变得越来越不友好，"技术断供"更是愈演愈烈，"断链脱钩"现象层出不穷，迫使越来越多的中国数字经济创业者必须在国内市场同时兼顾技术创新和资本运作。当然，这也为我国进一步夯实自主创新的底座、冲破"卡脖子"技术难题，以及完善多层次资本市场提供了契机。

第三，行业扩张红利渐失，稳健经营成为必须。早期的互联网创业就像哥伦布发现了新大陆，谁最早发现的就算

序 章

谁的——只要你能够活着跨过大西洋。所以,在这个新发现的网络空间里,很多传统巨头不停圈占地盘,甚至相互争抢资源,有时候还打得你死我活。然而,这些事情仅仅是网络空间主权尚未明晰的情况下,探险家们的低维度商业利益争夺。在这样的世界里,没有成型的规则,尊崇的是用拳头说话。经过20多年发展,现在则有所不同了。网络空间也是现实世界的一部分,从来不是法外之地。所以,网络空间也是空间,也需要进行治理。至此,探险家们的任务基本上完成,成建制的正规军就该正式入驻了。这些正规军代表的可不是探险家们的利益,而是更大范围的、甚至是所有人的利益,他们不会允许你修建城堡割据,更不会允许你拥有私人武装力量。

第四,数据不能一味替代实体,而应该赋能实体,最终数实共生。过去的发展脉络是"唯网独尊"——稍微回顾一下2018年之前那个聒噪的互联网世界,你就不难明白,动不动就"互联网加",动不动就"颠覆",就"跨界打劫""降维打击"……问题是,这种替代效应对整个社会来讲,很可能是破坏性的。举例来说,电子商务起来了,实体店纷纷倒闭;网约车平台繁荣了,传统出租车公司举步维艰;社区团购起来了,菜市场日益衰落。互联网公司携

蝶变5：打开数业时代新图景

巨大的资本，完全可以在短时间内让一家菜市场倒闭，其后果是很多人失业，而原本一个菜市场能够养活很多个家庭。所以，掌握着海量数据、先进算法的互联网巨头，怎么只惦记着老百姓的"几捆白菜、几斤水果"，就不能多去仰望"科技创新的星辰大海"吗？这是《人民日报》代表人民发出的"人民之问"。解决这一问题的关键是，推动数字经济与实体经济的深度融合。

想要实现"深度融合"，就必须将数字技术从过去主要侧重"替代效应"，转变为更多发挥"赋能效应"，即不再是"有你没我"，而是"你中有我，我中有你"。实体经济不能"因数而灭"，相反，应该"因数而盛"。由此，数据这一关键资源的重要性就凸显出来了。如何看待数据，如何管理数据，如何使用数据——这些问题就成为下一步数字经济发展的核心命题。

第五，数字技术本身的演进给出了答案。从互联网到大数据，再到人工智能，然后是区块链，似乎数字技术不断在给自己制造问题，同时又创造了答案。互联网实现了信息平权，但也导致了更高的"决策鸿沟"；人工智能乘势而起，致力于填平"决策鸿沟"，实现"决策平权"；但是，这又带来很深的"信任鸿沟"；所以就有了区块链，对数字版的生产关系进行赋能和助力,达到"信任平权"的程度。有了区块链这样的"置信技术",数据就真的可以转变为可信的资产了。

以上五点,仅是我认为比较重要的几股力量,这些力量最终汇流到一起,让数据要素变成了当今时代的必答题。

三

本书的内容为这道必答题提供了入门级的思考,目的是带领读者一起追溯数据的由来(数之生),搞清楚数据在当今时代的功用(数之用),最后将数据化入商业管理实践,并一窥数据商业新图景(数之化)。

全书内容的展开基于如下四个假设:

数据是人造之物,源于现实并赋能现实,所以数据即是现实。认识到这一点非常重要,我们不能将数据与现实对立起来思考问题,相反,数据本就是现实。它是现实的一种数据化表达形态,我们永远不能脱离现实来思考和使用数据。

驱动数据运动可以产生一种全新的能量,我们称之为"数能"。只有完成从"力"到"能"的转换,才能让数据具备普惠整个社会的潜力。为此,我们需要围绕数能构建一系列的基础设施，如让数据得以创生的"发数厂"，得以传输的国家数网等。此外，我们还需要围绕数据完成一系列的基础制度建设，成建制地将数据之能渗入社会生活的每一个毛细血管。

"数字产业社会"（简称"数业社会"）有望落成，这是人类继农业社会、工业社会之后的新征程。从这个意义上看，"数字中国"是迎接全人类数业社会到来的一曲前奏。

只有将数据能量渗入业务和管理流程当中，才能引领业务、组织和产业不断前进，实现全要素生产率的实质提升，最终克服"索洛悖论（Productivity Paradox）"（又称生产率悖论），成功打开数据商业新图景。

在上述四个假设的基础上，本书的内容整体上划分为三个篇章、十个章节。

第一篇是"数之生"。包括三个章节，主要探讨数据是如何创生的（"数数"），如何存储的（"存数"），以及如何计算的（"算数"）。

第二篇是"数之用"。包括"算力""数能""数业"三个章节内容，阐述算力如何衡量、怎样发挥作用，并引申到数能的探讨，顺便盘点、分析近几年我国围绕数据要素的政策和战略举措的走向，最后对数业和数业社会进行了粗线条的鸟瞰。

第三篇是"数之化"。重点考察数据要素融入商业现实之后所带来的理念和模式改变。首先,数据具有"致广大而尽精微"的好处,横向上通、纵向上精,是为"精通";其次,数据会带动商业模式跨越技术周期循环,这就像古典音乐中的"模进"——将同样结构的音组在不同曲调上重复演绎;再次,数据驱动的模进必然带来组织层面的变革,使得产业周期更替,组织随之"变态";最后,组织管理在数业时代将不可避免地进入"数验主义"范式,这是"循证"思想在数业时代的升华和蝶变。

四

歌手林子祥在《数字人生》一曲中,有些戏谑地唱道:

填满一生　全是数字
谁会真正知是何用意
烦恼一生　全为数字
圆满的掌握问谁可以
……

蝶变 5：打开数业时代新图景

> 你的体魄　你的一切
> 人与数字　有许多怪事
> 看看计数机里幽禁几多人质
> ……

这首创作于 1986 年的歌曲除了特别难唱，当真是有着很强的预言性。是的，"填满一生　全是数字"；是的，"烦恼一生　全为数字"；是的，"人与数字　有许多怪事"……

那就让我们一起看看——圆满的掌握问谁可以？

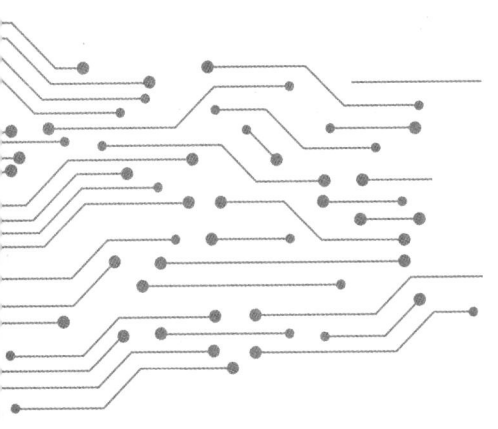
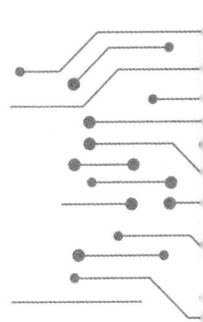

第 1 篇
数之生

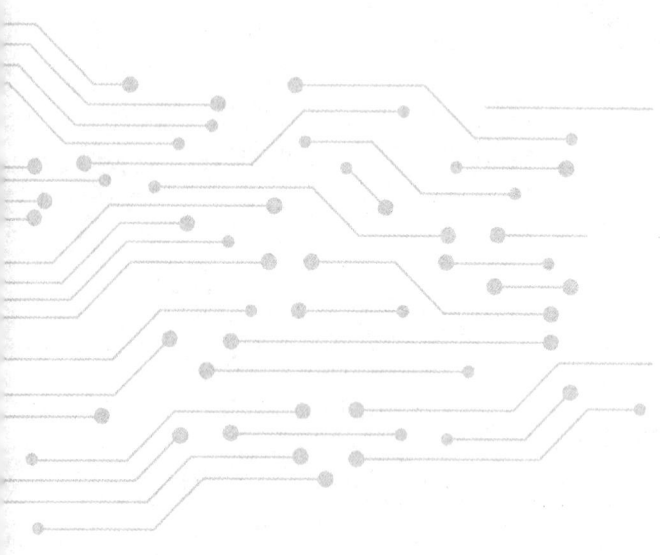

早期的数据单指数字,它的诞生比文字还早几千年。大约在公元前3000年,尼罗河流域的古埃及人就创造出了十进制的象形数字,后来经阿拉伯人传播到全世界,成为一直通行到现在的"阿拉伯数字"。作为一种"人造之物",数字和语言、符号、图案、文字等交流工具一样,也是一种记录和表达事物特征的手段。因此,数字并不是凭空产生的,而是来源于人类社会的需求。到了现代,数据不再单指数字这个单一形态,而泛化成了"对事实、活动等现象的记录",可以指任何以电子或其他方式对信息的记录。人们可以通过对数据的整理和分析,来揭示更深层次的社会运行规律。

　　在古代农业社会,土地和劳动力是最重要的生产要素,封建政权的统治者们利用数据

蝶变 5：打开数业时代新图景

牢牢掌控了这两种战略性资源。汉武帝时期就曾推行"编户齐民"，将政府控制的人口按照姓名、年龄、籍贯、身份、相貌、财产等情况一一编入户籍，从而为赋役制度的实行铺平了道路，进一步强化了政权对人民的管理和规训，这可以看成是早期的个人身份数据化。到了明代，明太祖朱元璋在玄武湖上建立了一个专门的国家数据档案库——黄册库，不但详细记录了全国人口信息，还对土地的数量和质量情况进行了详细登记，使统治者对这两项最重要的生产要素做到了"心中有数"。到了清末，清政府为了"预备立宪"，开展了全国性（除了西藏）的人口统计，这被认为是中国第一次现代意义上的人口普查。

进入工业时代，数据除了继续在土地和劳动力这两个生产要素领域发挥作用，还与新兴技术和资本力量开始进行深度结合，促进了制表机和现代计算机的诞生，并有望最终将人类社会带入"数业时代"。

第1章 数数

一

1790年，美国通过了一项国会法案，明确每十年在全国范围内举行一次人口普查，目的是确定众议院议员的名额分配。根据第一次人口普查的结果，当时美国人口约为390万，由此确定每3.3万人应分配1名议员。

美国在那个年代的人口数量不大，需要采集的数据量也没有那么丰富，所以用手动点算的方式基本上可以应对。但随着人口数量的激增（到1880年已经超过5000万人），以及需要调查的问题数量增加，传统的手动点算方式开始变得不堪重负。1880年，美国进行第11次人口普查的时候，传统方式的弊端达到了巅峰。一方面，普查动员的人员众多，

蝶变 5：打开数业时代新图景

工作相当单调，工作任务堆积如山；另一方面，普查所需的花费预算就像是一个无底洞，美国国会不得不在1881年、1882年和1884年三度追加预算。更要命的是，这次人口普查最终编制的报告超过了2.1万页，最后一册报告直到1888年才得以发布，距离这次普查启动已经过去了八年的时间。虽然最终的报告发布了，但报告里的一些交叉制表工作却从未完成过（例如婚姻状况等），相当于花费巨大代价却换来了一幢"烂尾楼"。这种情况自然是没有办法往下持续的。

　　需求呼唤解决方案。彼时，美国人口普查办公室里有一名刚从哥伦比亚大学毕业的职员，名字叫赫尔曼·何乐礼（Herman Hollerith），他刚入职就参与了1880年的这次人口普查工作，亲眼看到了这一超大规模的文书作业过程。难能可贵的是，何乐礼开始思考如何改变这种低效的方式，萌生了用自动化的机器来统计数据的想法。他在与部门主管约翰·希尔·比林斯（John Shaw Billings）交流这一想法的时候，后者告诉他有一种贾卡织布机，能利用打孔卡片自动编织图案，或许可以用这样的原理来打造一部统计数据的机器。[1]

基于这一想法，何乐礼开始研制纸带打孔机，并于1884年获得了第一份专利。在这份原始的设计中，何乐礼使用纸带来存储数据——每一排纸带有26个方格，通过在不同格子上打孔来记录信息。不过，这种做法可以记载的信息十分有限，光"年龄"这个数据就需要两列共20个格，每一列10个格，分别代表0—9这十个数字。例如，想要记载46岁这个数据，就需要同时在第一列的第五个格（代表"4"）和第二列的第七个格（代表"6"）打孔。由此可见，对于年龄达到或者超过100岁的人，纸带根本没法记录其年龄。

纸带解决了存储数据的问题，那如何计数呢？何乐礼的办法是让纸带通过带有电刷的滚轮（有纸的地方能绝缘，有孔的地方可导电），这样电刷扫过打孔的地方，就会与纸带下面的金属接触从而产生电流回路，对应的继电器随之启动，带动计数器完成计数。一卷纸带跑下来，相应的数字也

---

[1] 贾卡织布机是由法国人约瑟夫·玛丽·贾卡（Joseph Marie Jacquard）于1799年发明的，也是世界上首台可设计的提花织布机。它在老式提花机的基础上引入了穿孔卡片来编织花样，极大地提高了工作效率。1834年，英国数学家查尔斯·巴贝奇（Charles Babbage）借鉴贾卡机的穿孔卡原理，发明了分析机（现代电子计算机的前身）。

蝶变5：打开数业时代新图景

就自动累加完毕。这个设计虽然第一次将电用在了数据处理上，可以视为是"电力计数机"，但还不能实现自动化，况且何乐礼这时还没有真的把这一机器做出来，而只是停留在概念机的层面。

针对这款概念机在存储和计数上的双重局限，何乐礼在专利申请后的两年时间里进行了重大改进。一方面，关于纸带存储的问题，何乐礼受到火车票的启发，把打孔纸带改成了打孔卡片，用一张卡片来记录一个人的数据，就可以放进更多数据了。另一方面，他采用矩阵式探针来穿过卡片上的孔，并与卡片下方的水银凹槽接触。如此一来，他就可以采用不同的电路组合来有针对性地提取卡片上的数据，并进行分类统计了。1886年，何乐礼做出了第一代制表原型机，取名"何乐礼电力制表系统"（Hollerith Electric Tabulating System）。最初，这款机器被巴尔的摩公共卫生署采用，用来进行死亡人数的统计，取得了不错的效果。随后，纽约和新泽西的公共卫生署也都采购了这一系统。

何乐礼的制表机将打孔卡片与电流控制进行了完美的融合，从而可以依靠电力来进行大量的数据处理，这在当时是非常先进的，也让世人看到了计算机的巨大潜能。当然，何乐礼还创新了制表机的销售模式，采用"以租代购"的方式推广，取得了不俗的业绩。

接下来，何乐礼就要全力以赴向主战场发起进攻了。

二

大规模使用制表机的场景自然非人口普查莫属，何乐礼绝对不会放过这样的机会。1890年的人口普查，成为何乐礼和他的制表机大放异彩的舞台。

当时为了做好这次人口普查工作，美国人口普查办公室首先明确不再依靠人工点算的方式，之后广发英雄帖邀请社会各界人士提供解决方案，最终三位发明家的方案入围，当然也包括何乐礼的电力制表系统。随后，三方使用同一数据集比拼性能，结果何乐礼的解决方案毫无悬念地胜出，中标本次人口普查的数据统计服务。虽然这次普查工作面对的人口更多，需要统计的数据指标也更复杂，但电力制表系统不负众望，顺利完成了任务，证明了自己的价值。

问题是，人口普查十年才举行一次，何乐礼总不能十年等一回，只等待这一个商机。在完成了1890年人口普查任务后，何乐礼将目光投向了另一个重要的数据应用领域——铁道公司。彼时，随着越来越多的铁道铺设以及客运和货运

蝶变5：打开数业时代新图景

数量的增长，铁道公司每天需要处理大量的数据。这些数据的处理过去主要依靠人工来完成，对何乐礼的电力制表系统来说，这是个重要的机会。然而麻烦在于，铁道公司使用的数据既包括列车运行数据，也包括货物和乘客数据，所以数据格式相比人口普查要复杂得多。更具挑战的是，这些数据报表通常涉及加减乘除四则运算，而人口普查数据只需要加减计算，甚至大部分时候只需要计数（加法）就行。

怎样让电力制表机从加减运算升级成可以进行四则运算的系统呢？对此，何乐礼做了一系列重大的技术革新：第一，他将莱布尼兹步进式滚筒机的设计融合进来，并将机械式动力改成触电式设计，一旦触电，继电器就启动运行，进而带动齿轮转动；第二，他安装了自动输送卡片装置，这样就不需要人工一张一张输入卡片了；第三，他借鉴电话公司交换总机的设计理念，相当于保持插接板不变，让电话头插到不同的插接板孔里，就能接通相应的电话，何乐礼的制表机就是通过探针头与不同的插接板进行匹配，来切换不同的交叉统计功能的。这些改进大大提升了制表机的性能，也大幅拓展了应用范围。

将制表机改进之后，何乐礼终于在1896年成功获得了纽约铁道公司的订单，成为这家全美第二大铁道公司的数

第 1 章　数数

据处理服务商，这款全新的制表机被命名为"整合制表机"（Integrating Tabulator）。三个月后，何乐礼正式成立了"制表机器公司"（Tabulating Machine Company）。随后，制表机器公司的业务开始快速增长，并再次中标1900年的人口普查服务项目。到了1908年的时候，制表机器公司已经拥有30多家大型客户，业务覆盖铁道、人寿保险、政府机关、制造业等多个领域。

不幸的是，正当制表机器公司如日中天的时候，何乐礼的身体出现了问题，不得不退出了一线经营。与此同时，另一个年轻人已经在一家公司里蓄势待发，他即将创造出一番伟业。

数据处理这件事情，很快将要完成史诗级的接力交棒！

三

天下没有不散的筵席。何乐礼与美国人口普查办公室的蜜月期，在完成了1900年那次人口普查工作后很快就结束了。

1905年，由于无法达成合作，何乐礼终止了与美国人口普查办公室的业务关系，转而将所有精力投入更具推广价

蝶变5：打开数业时代新图景

值的商业制表机的研发当中。美国人口普查办公室则另辟蹊径，聘请了工程师詹姆斯·鲍尔斯（James Bowers）对制表机进行改进，他很快就成了何乐礼的强劲竞争对手。

何乐礼的转型也很成功，虽然放弃了美国人口普查办公室这个重要客户，但他在商业制表机上取得了成功，做出了自动化制表机，并开始面向各个企业的办公领域进行销售。在接下来的几年时间里，何乐礼的公司成功转型为一家办公设备公司。1911年，伴随着商业的成功，何乐礼的健康状况却不断恶化，最后何乐礼接受了医生的建议，将公司卖给了华尔街金融大亨、人称"信托之父"的查尔斯·弗林特（Charles Flint）。后者将何乐礼的制表公司和自己持有的计算尺公司、国际时间记录公司进行合并，组成了"计算—制表—记录"公司，简称"C-T-R"（Computing-Tabulating-Recording Company）。

当何乐礼退出商业领域的时候，一名农民的儿子也正经历人生的重大磨难。这个人就是后来大名鼎鼎的托马斯·约翰·沃森（Thomas John Watson），他出生于1874年，来自美国纽约州北部一个贫困农民家庭，没怎么上过学，也没有什么像样的技能，因为混迹社会而掌握了一些推销的本领。1895年，沃森加入当时已经风生水起的美国现金出纳机公司

第 1 章　数数

（NCR，National Cash Register Company），成为该公司的一名推销员。在创立之初，NCR 主要生产一种防范财务人员舞弊的机器——NCR 的机器能够把每一笔交易都记录下来，避免员工做假账。这样的产品，在当时并不是企业必须要用到的产品，需要很强的推销能力才能说服客户购买。

NCR 的创始人约翰·H. 帕特森（John H. Patterson）恰恰就是一名推销高手，他是最早重视并亲手搭建起全美最有效的销售团队的人。在推销产品的过程中，他创建了一系列的销售模式。现在，"推销员"这个职业已经很普遍，这要拜帕特森所赐，他也因此被人们称作"现代销售之父"。

拥有销售天赋的沃森一经加入 NCR，那可真是如鱼得水，凭借出色的个人能力一路攀升，四年后就荣升为分公司经理。到 1910 年的时候，他已经成为 NCR 公司里仅次于帕特森的二号人物。沃森的如日中天，也让帕特森对他的猜忌愈来愈深，在多次补救未果之后，沃森被开除了，拿到了 5 万美元"分手费"（这在当时也算是一大笔钱了）。同时，他面对的是以 40 岁的年纪另谋生路的困境。

天才是不会被埋没的。仅仅两个月后，沃森就遇到了前面提到的金融大亨弗林特，成功加入 C-T-R 公司，成为一名经理。经过协商，沃森只领取少量的基本工资，但要求以利

蝶变5：打开数业时代新图景

润的5%作为佣金。此后，沃森开始将NCR开创的销售模式全方位引入C-T-R，创建了销售大区制、提成制等销售导向的团队和激励机制，引领公司业务蒸蒸日上，C-T-R公司一跃成为办公设备领域的顶尖企业。

1924年，C-T-R正式更名为"国际商业机器公司"（International Business Machine），也就是后来大名鼎鼎的IBM。这一年，沃森正好50岁。从此，沃森正式开始了自己与IBM融为一体的、长达32年的后半生职业生涯，直到1956年去世。

何乐礼目睹了IBM的诞生，却没能见到IBM后来的辉煌。他在1929年大萧条之前，带着他那个时代该有的荣耀去世。第一次世界大战后，沃森又一次准确预见了计算机时代，带领IBM抢先攻占计算机市场。他后来的接班人、他的小儿子"小托马斯·沃森"（Thomas J. Watson Jr，别称小沃森[1]）从他手里接过计算机的旗帜，继续开创大场面，造就了

---

[1] 小沃森于1946年以推销员的身份入职IBM公司，1952年担任公司总裁，1956年担任董事长。在他的苦心经营下，IBM成了世界计算机行业中独占鳌头的巨型公司。小沃森任职期间的IBM，为股东创造的财富超过了商业史上任何一家公司，美国《财富》杂志因此在1987年宣布小沃森为"有史以来最伟大的企业家"。

第1章 数数

IBM持续至今的辉煌。

回顾这段"数人头"的历史,是为了说明数据早就以它独有的方式塑造着我们的世界,尤其是对人类社会运行至关重要的人口普查。只不过,数据在过去的应用并不像现在这样,对每个人都如此显而易见。当然,商业是社会的有机组成部分,数据进入商业是再自然不过的事情。试想,如果不能解决商业运转当中有关数据收集、数据处理的事情,我们如今的商业形态又当如何?

在计算机的助力下,数据启动了增长飞轮[1],打孔卡片这样的方式是无论如何都存储不了如此众多的数据的,更遑论对这些数据进行计算处理了。人们必须找到快速、廉价的数据存储方法。

---

[1] 即"数据飞轮",是字节跳动公司提出的一种数字化建设模式,其围绕数据消费形成了从数据资产到业务应用的双向正循环。

第 2 章 存数

一

打孔纸带以及后来的打孔卡片,是制表机的核心组成部分,承担着数据存储的作用。它的工作原理实际上就是二进制——打孔的地方代表"1",没有打孔的地方代表"0"。当电刷或者带电滚筒跟打孔卡接触的时候,打孔的地方就能通上电,没打孔的地方不通电,而通电就会触发继电器运动,从而完成一次计数。

依靠人工手动给纸带或者纸卡打孔,在过去这可是个体力活儿,有多少个数需要统计,就需要打多少个孔,而且还需要认真细致,不能打错地方。这种单调乏味的操作往往让工作人员不胜其烦。1923 年,何乐礼的制表机器公司发明

蝶变5：打开数业时代新图景

了首款电动打孔机，将打孔工作的速度和精度进行了大幅度提升。之后，该公司又发明了一种80列打孔卡，称得上是当时的"高密度存储设备"。很快，80列打孔卡成为业界标准。合并制表机器公司后的IBM公司（1924年），还推出了专门用来打孔的"卡罗尔压印机"，每台机器每分钟可以切割、印刷460张卡片。这项业务为IBM创造了巨额利润，也引发了美国政府的反垄断调查。1956年，IBM与美国司法部达成和解，同意放弃大部分打孔卡产能。其实，这个时候的IBM已经意识到，数据存储技术很快就要摆脱纸质打孔卡时代了。同年，老沃森将IBM的权柄交给了小儿子小沃森，属于年轻人的黄金年代就此开启。

打孔卡之后流行的存储介质是磁带，一卷磁带大约可以代替一万张打孔卡，而且有效传输效率高了很多，达到了每秒7200个字符，已经可以作为像UNIVAC Ⅰ型[1]这样的早期计算机的输入/输出设备了。磁带在20世纪80年代之前都是最为普及的计算机存储设备，但缺点也很明显——这种

---

[1] 这是由约翰·莫奇利（John Mauchly）和J.普雷斯珀·埃克特（J. Presper Eckert）两人设计的一款使用晶体管的计算机，被用于美国人口普查工作，标志着第一台商用电子计算机的诞生。

第2章 存数

磁带很长、很重，需要将磁带一圈一圈盘到一起，装进大铁盒子。我们小时候看露天电影的时候，放映员操持的大铁盒子里的电影胶片，就是一种磁带存储设备。

1956年9月，刚刚接管IBM不满四个月的小沃森宣布了世界上第一个硬盘RAMAC 305的诞生，这是第一台具备随机存取（直接访问）数据功能的驱动器，体积大约有两个冰箱那么大，质量约为1吨，包含50个24英寸的盘片，能存储"高达"4.4MB信息（约500万个字符），数据传输速度是每秒10KB，这台设备的对外出租价格是每月3200美元（相当于2019年的29130美元）！很难想象，人们在当年为了存储这么微不足道的数据，竟然需要花费如此高的代价。

随着半导体晶体管和集成电路技术的发展，1966年，IBM研究中心的研究员罗伯特·H.丹纳德（Robert H. Dennard）发明了动态随机存取存储器（DRAM）并申请了专利。1969年问世的第一款DRAM芯片，容量仅为1KB。次年，英特尔公司进行了生产工艺改进，推出了第一个正式商用的DRAM芯片，并取代磁芯存储器成为个人电脑的标准存储芯片。直到今天，DRAM仍然是最常用的随机存取器，依然是个人电脑和工作站的主存储器。

半导体存储器蓬勃发展的同时，市场上也陆续出现了

蝶变 5：打开数业时代新图景

光盘存储（如 CD、DVD、蓝光 DVD），以及存储卡、闪存等技术方案，并各自演进出了不同的使用场景。例如，半导体存储主要用于电子产品，光盘存储主要用于电影、软件和游戏，而磁数据存储则主要用于数据服务器的大容量数据存储等。

　　从打孔卡到数字存储，所有存储技术的工作原理都是相同的，就是将数据存储在任何包含两种不同且可以切换的物理状态的材料中，这样就能实现数据的二进制存储——用 0 和 1 两个数，表达 4 种状态，占据 8 个比特（bit），构成 1 个字节（byte）[1]。

　　如果规定两个物理状态分别为 0 和 1，那么这两个物理状态越小，则同等体积的存储设备里可以容纳的比特就越多。如今，比特与比特之间的排列间隔已经缩短到不足 10 纳米，相当于一根头发丝直径六千分之一的宽度，数据存储

---

[1]　1B (byte, 字节) =8 bit；1KB (Kibibyte, 千字节) =1024B= 2^{10} B；1MB (Mebibyte, 兆字节, 百万字节, 简称"兆", 下同) =1024KB= 2^{20} B；1GB (Gibibyte, 吉字节, 十亿字节, 又称"千兆") =1024MB= 2^{30} B；1TB (Tebibyte, 太字节, 万亿字节) =1024GB= 2^{40} B；后面还有 1PB (Pebibyte, 拍字节, 千万亿字节)、1EB (Exbibyte, 艾字节, 百亿亿字节)、1ZB (Zebibyte, 泽字节, 十万亿亿字节)、1YB (Yobibyte, 尧字节, 一亿亿亿字节) 等。

的密度和效率都有了惊人的提升。

根据意大利研究机构PXR（People Experience Research）的数据统计，全球范围内创建、捕获、复制和消费的数据量，从2010年的2ZB增长到了2020年的64.27ZB。预计到2025年，全球数据总量将超过181ZB。华为《智能世界2030》报告则预测，到2030年，人类将迎来YB数据时代，全球每年产生的数据总量将超过1YB，相比2020年增长了23倍。打一个直观点的比方，假设每一个比特都是一枚1英镑的硬币（厚度为3毫米），那么1ZB数据量的硬币摞起来将有2550光年那么高，可以从地球往返最近的恒星系统——半人马座阿尔法星——300次。

2003年7月1日，一篇发表在《IBM系统期刊》的研究论文指出，截止到1996年，数字存储的成本开始低于纸张存储，人类终于找到了存储数据这一战略资源的办法，且快速又廉价。

二

直观上的理解，数据存储就是把数据存到一个又一个盒子里。如此一来，物理世界里的客观状态与数字世界里的二进制就挂上了钩——读取数据就是读取存储介质的微观物理状态，写入数据就是改变存储介质的微观物理状态。同理，毁坏了存储介质也就损坏了相应的数据。

何乐礼的制表机和IBM的磁盘存储、DRAM、光存储，以及后来一系列存储介质的创新，其真正要解决的问题都是在物理世界与数字世界之间建立起基于二进制的转换逻辑，实现数实相融。然而，随着实践的发展，基于单体物理设备来存储和处理数据的做法遇到了巨大的挑战。

其一，每块硬盘无论怎么做，容量都是有限的。随着计算机处理的数据越来越多、处理速度越来越快，单一硬盘甚至单一存储方式已经很难应对。很多时候，需要给一台计算机配备很多块硬盘，形成硬盘阵列。其二，物理介质的丢失和毁坏会造成数据的丢失，往往损失惨重。解决办法是用多块硬盘进行备份，但这又会增加成本。更重要的是，数据安全不能保障，拆下硬盘就能拿走数据。其三，数据不能在多台计算机之间自由传输，只能通过硬盘或者U盘的物理拔插来使用数据。总之，只做到让数据栖身于物理介质是不够的，还应该让数据超越物理介质的束缚，焕发出独立的价值。

想要做到这一点，至少需要满足这样几个条件：第一，打破存储设备之间的隔阂，也就是让硬盘和硬盘之间可以进行自由的数据交换；第二，存储设备是为计算机服务的，通过计算才能处理数据，所以各种计算资源要能实现协同；第三，能够面向用户需求进行个性化的响应，允许不同的用户在相同或不同的时间里，以各自的方式使用计算资源进行数据处理。要做到这三个前提条件，就必须让物理上的计算机资源可以实现用户侧的按需调用。也就是说，用户只管按照需求调用计算资源，而无须关心物理层面到底是如何实现的。当然，前提是用户和计算机之间必须遵从同样的逻辑规则。这种做法在计算机科学领域被称作"虚拟化"（Virtualization），即"逻辑上是这样，物理上是那样"。

早在1959年，牛津大学的计算机教授克里斯托弗·斯特拉齐（Christopher Strachey）就在名为"大型高速计算机中的时间共享"（*Time Sharing in Large Fast Computers*）的学术报告中，提出了虚拟化的基本概念，一并阐述的还有"多道程序"（Multiprogramming）这一影响至今的理念。1961年，麻省理工学院的费尔南多·科巴托（Fernando Corbato）教授领导了"相容分时系统"（Compatible Time Sharing System）项目的研发。这两项围绕分时系统的研发，为硬件虚拟化奠定了基础。1962年，超级计算机Atlas 1诞生,这也是第一台实现了虚拟内存(Virtual Memory)概念的计算机。

随后,围绕虚拟化技术,计算机领域掀起了一波小高潮——IBM 7044(M44)计算机做到了硬件共享(Partial hardware sharing)、时间共享(Time Sharing)和内存分页(Memory paging),并实现了虚拟内存管理(VMM),可以在同一台主机上模拟出多个系统,应用程序可以运行在这些虚拟的内存中,这是世界上第一个支持虚拟机的系统;1964年,IBM推出了著名的System/360,能够让一台主机连接多个带有显示器和键盘的终端,同时允许多个用户通过主机终端,以交互的方式使用计算机,共享主机资源。

System/360项目是IBM商业史上的一次豪赌,为此IBM征召了六万多名新员工,新建了五座生产工厂。最终,System/360取得了巨大的商业成功。当时决定研发System/360系统的小沃森,晚年在其回忆录中称,这是他一生中所做的"最大、最冒险的决策和最辉煌的胜利"。这场胜利让IBM蝶变成真正的"蓝色巨人",在整个行业独领风骚二十余年。System/360的技术创新和影响,决定了以后数十年计算机的进程,被誉为美国最伟大的三大商业成就之一,与福特的T型车和波音的首款喷气式客机707齐名。

20世纪60到80年代,虚拟化技术让大型机和小型机获得了空前的成功。在相当长的时间里,虚拟化技术只在大型机和小型机上应用。1980年,IBM发布了第一台基于精简指令集(RISC)架构的小型机,正式宣告与复杂指令集(CISC)阵营分道扬镳。然而天有不测风云,1978年,英特尔发布了新款的16位微处理器8086,自此开创了一个新时代。随后,英特尔与微软组成商业联盟WinTel,对IBM在计算机领域的统治地位发起了猛烈的攻击,并最终取而代之,逼迫IBM只能退守大型机,其PC业务最终于2005年卖给了联想公司。

然而,X86架构的虚拟化一直是个难题,它不是一种天然可虚拟化的架构,这让WinTel联盟虽然可以长时间统治桌面,却很难统治工作站(Work Station)。直到一家伟大的公司携"全虚拟化技术"(Full Virtualization)华丽诞生。

三

中央处理器(CPU)为了保证程序代码执行的安全性和操作系统的稳定性,通常会将指令集划分为不同的特权模式——用户态和内核态。而采用复杂指令集的X86架构,其

蝶变5：打开数业时代新图景

CPU更复杂，细分为从Ring 0—Ring 3的四种执行状态。其中，操作系统运行在内核态Ring 0，应用软件工作在用户态Ring 3，驱动程序则在Ring 1和Ring 2执行。当用户态的应用程序需要访问外围硬件设备的时候，CPU会通过特别的接口去调用内核态的代码，然后交给用户使用。但如果应用程序直接调用硬件设备的话，操作系统就会捕捉到并触发异常报警，弹出警告窗口。可见，X86架构天然不是一个可虚拟化的架构。

1998年2月，在加利福尼亚州帕洛阿尔托市，五位具有远见卓识的技术专家齐聚一堂，创办了威睿公司（WMware, Inc.），并由戴安·格林（Diane Greene）担任首席执行官。威睿很快提出了解决X86架构难以虚拟化的方案：在虚拟机生成特殊指令时将其"捕获"，然后转换成可虚拟化的安全指令，同时保证其他所有的指令不受到干扰地执行——这就是全虚拟化方案。这一方案可以在一套机器上为各种应用提供最佳的隔离和移植性，便于应用程序自由选择操作系统，由此减少了硬件服务器的数量，大大降低了运维和管理成本。

虚拟化展示了数据存储和处理的一个重要方向，即将复杂的IT基础设施与应用程序进行解耦（Decouple），复杂的

第 2 章 存数

基础层交给专业人士去处理，给上层应用开发者和用户提供简洁的接口界面。无疑，这样的解决方案不但适用于 PC 时代，更能平滑地迁移到云计算时代，实际上威睿公司也是这么做的。直到现在，威睿仍然在为建设"能在任何云和任何终端上构建、运行、管理、连接和保护任何 App"的数字基础设施而努力。

总体来讲，像威睿这样的虚拟化技术公司，其客户主要是很多大型公司，其服务的是企业内部的数据管理。不过，互联网的普及也催生了很多"云原生"商业形态。比如，1999 年成立的 salesforce（中文名赛富时），是第一家直接通过互联网向用户提供企业应用软件的公司；1998 年成立的谷歌（Google），则直接面向普通用户提供搜索服务。这些云原生的互联网公司都有一个共性特征，就是用户会实时地直接产生数据，因此需要对大规模的实时数据进行统筹管理，这就需要购买大量的服务器。但创业公司往往没有多少钱，只能买一些廉价服务器甚至二手服务器，它们可靠性差，性能跟大型机相比也差得很远，运行速度的差距更是堪比马车与超级跑车。

当年的谷歌就面临着这样的境地——怎么才能让这一堆廉价服务器表现出更强的战斗力？这也是摆在谷歌架构

设计师面前的最大难题。经过长期的探索和实践，谷歌研发出了一种让多达百万台廉价服务器协同工作的技术，即云计算技术。

从某种意义上来讲，谷歌可以称作是一家"论文公司"。在其发展历史上，每逢重大技术创新的时候都有学术论文发表，包括谷歌公司本身也是在其创始人谢尔盖·布林（Sergey Brin）和赖利·佩吉（Larry Page）的学术论文提出的算法技术基础上成立的。这次也不例外，谷歌分别在2003年、2004年和2006年发表了三篇具有里程碑意义的学术论文，从而一举奠定了云计算时代。

第一篇论文是《谷歌文件系统》（The Google File System），提出了大型分布式文件系统（GFS）。GFS使用廉价服务器构建分布式文件系统，将容错的任务交给文件系统来完成，再利用软件的方法解决系统可靠性问题，从而大幅度降低了数据存储的成本。第二篇论文是《MapReduce：面向大型集群的简化数据处理》（MapReduce: Simplified Data Processing on Large Clusters），提出了一个针对大规模群组中海量数据处理的分布式编程模型，目的是为了解决如何从海量数据中快速计算并获取期望结果的问题。第三篇论文是《BigTable：

适用于结构化数据的分布式存储系统》(*BigTable: A Distributed Storage System for Structured Data*),创建了一种用来处理海量数据的非关系型数据库(BigTable),这是一种稀疏、分布式、持久化存储、多维度排序的映射表,能够可靠地处理 PB 级别的数据,并且可以部署到上千台服务器上。

上述三篇论文以及后来的实践,宣告了数据处理"云时代"的到来。2006 年 8 月,时任谷歌首席执行官的埃里克·施密特(Eric Schmidt)首次提出了"云计算"(Cloud Computing)的概念。同年,另一家互联网巨头亚马逊也推出了云计算平台 AWS(Amazon Web Services)。至此,数据彻底摆脱了个别硬件的束缚,自由自在地飘荡在了云端。

然而,这云不与那云同。每朵云的内部虽然可以共享算力,但云与云之间的沟通却很难。针对这一问题,2021 年,加利福尼亚大学伯克利分校的 SkyLab 实验室在云计算的基础上进一步提出了"云计算框架"(Sky Computing),通过在异构云之上搭建兼容层、云间层,并在云厂商之间达成互惠数据对等协议,将异构云资源整合包装成一站式服务,为开发者提供一致性的云体验,使用户不需要具备任何云基础设施的专业知识就可以使用云服务。该团队开发的开源框架

蝶变 5：打开数业时代新图景

SkyPilot 能够在任何云环境上无缝衔接，且经济高效地运行机器学习与数据科学批量作业，现在已经被 10 多家组织用于多种不同的任务场景，用云成本降低到了原来的三分之一左右。基于相似的理念，雪花公司（Snowflake）曾于 2014 年推出过云原生数据仓库产品，采用存储与计算分离的创新技术架构，省去相关软硬件的设置需要，将技术复杂性进行抽象，从而打造出简单的用户界面，降低了服务使用门槛。这项业务让雪花公司一跃成为云计算行业的独角兽，截至 2024 年 2 月，该公司已经拥有 9437 家客户，在全球数据库市场的份额持续攀升。

"全世界对计算机的需求量总共可能只有 5 台"——这是 IBM 董事长老沃森在 1943 年说的话。那个时候，距离第一台计算机的问世还有三年时间。历史的轮回兜兜转转，PC 机大行其道的时候，这句话遭到了很多人的嘲讽。但在云计算到来的时候，又有人感叹沃森的超强预见性。其实，未来的我们甚至连一台计算机都不会需要了，我们真正需要的是数据——无处不在的数据！

第 3 章　算数

一

公元 820 年前后，波斯数学家花剌子模（Al-Khwarizmi）将一本书用裹尸布包好，题献给了阿巴斯王朝哈里发马蒙（Al-Ma'mun）。这本书是教人求解一元二次方程的，阿拉伯书名是 *Al-kitab al-jabr wa'l-muqabala*，英文译为 *The Book on Calculation by Completion and Balancing*，中文译为《代数学》。书名中的 al-jabr，转换为拉丁语拼法就是 Algebra，即"代数"，花剌子模这个人也就成了"代数之父"。

花剌子模还有一部伟大的著作叫《印度算术书》（*Al-kitab al-isad al-hindi*），这本书介绍了印度十进制计数法，以及基于十进制的加减乘除和求根算法。由于书的正文开头第一句是"花剌子模说",于是在被翻译成拉丁文的时候,书名就成了《花剌子模的印度计算法》,后来干脆简称为《花剌子模》。花剌子模的拉丁语拼法是 Algorizmi,这个词再翻译成英文就成了 Algorithm,这就是现代计算机科学的核心概念:算法。当然,那个时候的算法还没有严格的定义,主要是指简单的代数运算。1000 多年后的 1936 年,图灵真正提出"图灵机"的时候,人类才对算法有了深刻、彻底的理解。

花剌子模的算术书在欧洲流传开之后,人们一直以为这种十进制计数法起源于阿拉伯,所以就称之为"阿拉伯数字",并一直沿用至今。其实,那是起源于印度的"印度数字"。

那位接受花剌子模献书的马蒙,是阿巴斯王朝的第七任哈里发,他执政时将阿拉伯文化推向了巅峰。相传马蒙继任后的第六年,有一天做了一个神奇的梦,他梦见了亚里士多德。他问亚里士多德:"何为善?"答曰:"一切符合理智的东西。"再问:"还有呢?"再答:"人民认为善的东西。"再问:"还有呢?"再答:"没了。"

"亚里士多德之梦"激发了马蒙对知识的兴趣,于是他开始资助学术研究,尤其是希腊哲学的翻译运动,并在巴格达建立了一座综合性学术机构——智慧宫(Bayt al-

Hikmah)。智慧宫里设有图书馆、研究院和翻译馆，是继被焚毁了的亚历山大城图书馆之后世界上最大的学术机构，来自世界各地的古籍图书被搜罗过来运到巴格达，收藏在智慧宫。花剌子模是当时智慧宫的主要学术负责人之一，他在这里一直工作到公元850年左右去世。

1258年2月13日，成吉思汗的孙子旭烈兀攻入辉煌了五百年的巴格达，智慧宫也遭到了劫难，上百万卷藏书中的大部分被扔到了底格里斯河里，据说书上的墨将河水都染成了黑色，达六个月之久。如今，我们已经难寻智慧宫的踪迹了。

虽然花剌子模与算法同名，但算法可不是花剌子模最先提出和创造的。我国在公元前1世纪出现的《周髀算经》中，就已经详细记载了勾股定理、开平方以及等差级数问题的解法等。公元前300年，"几何之父"欧几里得也已经提出了人类历史上的第一个算法——欧几里得算法。相比来看，花剌子模关于一次和二次方程的一般解法，可以视为是第一个"代数算法"[1]。

---

[1] 有关花剌子模对代数学的详细贡献，可参阅：[英]吉姆·哈利利，《寻路者：阿拉伯科学的黄金时代》，李果译，中国画报出版社2020年版.

二

何谓算法？通俗来讲，就是为了完成一项任务，而对全部步骤进行准确而完整的描述。比如，为了完成"将一把凳子放到另外一个地点"这一任务，需要这样几个步骤：第一步，站到凳子边上；第二步，搬起凳子；第三步，搬着凳子移动到新地点；第四步，放下凳子。这样四个步骤就是一个活生生的"算法"。

对于计算任务来讲，算法是其真正的灵魂。

有了代数和算法，就有了解决很多问题的方法，并且可以重复进行而不会出错。但计算本身相当消耗脑力和体力，一次人口普查就得需要数千人花上几年的时间。这时，人类想到了用机器来帮助计算。

想要让机器代替人工来计算，就需要用机器来模拟人类用纸笔进行数学运算的过程。这个过程说起来并不复杂，只需要重复进行两个动作：在纸上写或者擦除某个符号；把注意力从纸的一个位置移动到另一个位置。一台能计算的机器的作用，无非就是模拟出人类进行运算的这两个动作而已。1936年，英国天才数学家A. M. 图灵（A. M. Turing）发表了划时代的论文《论可计算数及其在"判定问题"中的应用》(On Computable Numbers, with an Application to the Entscheidungs Problem)。在这篇论文中,图灵构造了一台抽象的计算机器来代替人类进行数学运算,这就是大名鼎鼎的"图灵机"(Turing Machine)。

图灵机主要由四个部分组成:一条无限长的纸带(Tape,还记得何乐礼的打孔纸带吗?),纸带被划分成一个接一个的格子,每个格子上都包含一个来自有限字母表的符号,空格用特殊符号表示;一个读写头(Head),其作用是可以在纸带上左右移动,读出或者改变当前格子上的符号;一套控制规则(Table),可以根据机器当前所处的状态以及当前读写头所指的格子上的符号,来确定读写头下一步的动作,同时改变状态寄存器的值,令机器进入一个新的状态;一个状态寄存器(State),用来保存机器当前所处的状态,并且有一种特殊状态为"停机状态"。图灵经过严格的数学证明,认为存在这样一台机器,可以模拟人类所能进行的任何计算过程。

这一伟大的思想,为人类开发真正的计算机奠定了坚实的基础。后来,约翰·冯·诺依曼(John von Neumann)在此基础上提出了现代计算机的体系结构,并正式开启了人类的计算机时代。图灵机不但证明了通用计算理论,而且引入

蝶变5：打开数业时代新图景

了读写器、算法和程序语言这样的必备概念，还提出了数据存储的解决方案，可以说是简单、优雅却又极具颠覆性的方案，为人类指明了未来的计算之路。

然而，图灵机对人类计算过程的模拟是理想化的，它在让机器模拟人类的同时，也把人当成了像机器一样的机械。然而，人是不同于机器的，最明显的区别就是人有学习能力，人的大脑也会不断进化，图灵机的固定程序无法反映这一点。此外，人不只有理性的一面，还有七情六欲，情绪和情感也是图灵机无法直接模拟的。好在图灵这个天才并不只伟大了一次，还会伟大好多次。

1950年10月，图灵发表了题为《计算机器与智能》（Computing machinery and intelligence）的论文，文中提出了"机器能思考吗？"这一影响深远的问题。通过对这一问题的回答，图灵预言了创造出真正智能的机器的可能性。那么，到底怎么才算是"智能"？图灵给出了简单的判别方法：如果一台机器能够与人类展开对话（通过电子设备）而未能被人类辨别出其机器的身份，那么这台机器就可以被视为具有智能。这就是著名的"图灵测试"（Turing Test）。这篇论文让图灵赢得了"人工智能之父"的称号。

图灵机和图灵测试，从理论层面为机器计算铺垫了道路，但要真正实现出来，不光需要研发出计算机，还需要缔造出一套人与计算机进行沟通和对话的语言，这就需要"程序"了。根据著名计算机科学家尼基克劳斯·沃思（Nikiklaus Wirth）提出的公式，程序等于数据结构加上算法，数据是程序的血肉，而算法是程序的灵魂，二者缺一不可。

程序，是缔造数据社会的基石。

三

图灵机开启了计算机时代，图灵测试则预示了人工智能的崛起。若要排个先后顺序的话，毫无疑问计算在前，智能在后。换言之，人类计算的终极目标，就是实现智能。

受到用机器模拟人类智能这一梦想的驱使，计算机科学甚至整个人类社会在1941年计算机诞生之后，迎来了波澜壮阔的思想、理念和技术创新。仅在计算机诞生一年后，就有一位名叫艾萨克·阿西莫夫（Isaac Asimov）的科幻作家，在《转圈圈》（*Runaround*）一文中提出了后来被屡屡称道的

蝶变5：打开数业时代新图景

"机器人学三定律"[1]。可见，人们有多么热切地想要拥抱人工智能。又过了十几年的时间，人工智能终于在1956年达特茅斯会议上，被一群严肃的科学家正式确立。据说，这次会议的召开，是受到了阿西莫夫机器人学三定律和图灵测试的影响。

达特茅斯会议推动了人工智能第一次浪潮的出现（1956—1974年），乐观的气氛弥漫整个学术界。这个时期，在算法方面出现了很多世界级的发明，其中包括增强学习的雏形（即贝尔曼公式），后来演化成了AlphaGo算法的核心内容。现在经常听到的深度学习模型（Deep Learning），其雏形是感知器算法（Perceptron Algorithm）[2]，也是在那几年间发明出来的。

---

[1] 阿西莫夫的"机器人学三定律"的具体内容是：第一定律，机器人不得伤害人类个体，或者不得在目睹人类个体将遭受危险时袖手旁观；第二定律，机器人必须服从人类给予它的命令，当该命令与第一定律冲突时例外；第三定律，在不违反第一、第二定律的情况下，机器人要尽可能保证自己的生存。
[2] 感知器算法是由康奈尔航空实验室的弗兰克·罗森布拉特（Frank Rsenblatt）于1957年提出的。感知器相当于神经网络中的一个"神经细胞"，可被视为一种只有两种状态的机器——激动时为"是"，未激动时为"否"，这就构成了一个二分类的线性分类模型，从而可以实现简单的布尔运算。通过不断叠加感知器的层数，就能拟合任何的线性函数，而任何线性分类或线性回归问题都可以用感知器来解决。

第 3 章　算数

这一阶段在理论上可谓硕果累累，但这些理论成果基本上都是基于逻辑主义推理得来的，实践上进步缓慢，人们在实际生活中几乎找不到人工智能的用处，所以人工智能很快就遭到了人们的质疑。1966 年，美国自动语言处理咨询委员会（ALPAC）对人工智能的发展进行了评估，认为人工智能并没有创造可以学习人类智慧的机器的可能性，原因是输入给算法的数据有限，并且机器计算能力有限。1973 年，英国学者莱特希尔（Lighthill）发表了研究报告《人工智能：一般性的考察》(*Artificial Intelligence: A General Survey*，又称"光明山报告"），指出人工智能项目浪费了很多钱，迄今该领域没有哪个部分做出的发现产生了像之前承诺的效果。基于此，英国政府大幅缩减了人工智能项目的投入。紧接着，美国和其他国家也大幅下调人工智能的研发投入。随后，人工智能研究进入长达十年的停滞期。

人工智能的第二次浪潮出现于 20 世纪 80 年代，持续到 90 年代中期。人们对上一次人工智能研究进行反思之后，开始转向"以知识为中心"的人工智能研究，代表性的人物是 E. A. 费根鲍姆（E. A. Feigenbaum），他提出了"知识工程"（Knowledge Engineering）这一概念，并引发了以知识工程和认知科学为重点的研究高潮。基于这一概念，卡内基

蝶变5：打开数业时代新图景

梅隆大学于1980年为DEC公司制造出了专家系统（Expert System），模拟人类专家的决策过程，可以在决策方面提供有价值的内容。此外，人工神经元网络的相关研究也在这一时期取得了突破性进展，约翰·霍普菲尔德（John Hoplield）于1982年构建了一种新的全互联的神经元网络模型，并在1985年顺利解决了"旅行商问题"（TSP，旅行商算法是一种用途十分广泛的顶级算法）。1986年，大卫·E.鲁梅尔哈特（David E. Rumelhart）构建了反向传播学习算法（BP），后来成为普遍应用的神经网络学习算法。受此鼓舞，很多国家开始在人工智能领域再次投入巨资，开发所谓的第五代计算机，甚至直接命名为"人工智能计算机"。

人工智能的春天这次是真的来了吗？现实是，打击很快再次袭来：一方面，专家系统虽然能解决一些实用问题，但面对复杂问题却束手无策，就连让机器具备儿童的认知水平都是过分的要求；另一方面，1987年个人计算机迎来了大爆发，这让投入巨资开发出来却只能运行专家系统的所谓人工智能计算机显得生不逢时。至此，人工智能的相关研究再度陷入困境。

20世纪90年代中期至今，是人工智能向纵深发展的阶段。拜"摩尔定律"所赐，落后的算力这一次终于追上了先进的算法。1993年，麻省理工学院建立了第一个人形机器人，标志着第二轮"寒冬"的结束，也算是对1950年以来美国政府的资助有了一个交代。1997年，IBM开发的"深蓝（Deep Blue）"问世，并一举击败了国际象棋大师加里·卡斯帕罗夫（Garry Kasparov），使人工智能重新回到高光时刻。紧随其后的是，一系列奠基性的算法被开发了出来。例如，1995年的支持向量机（Support Vector Machine，SVM）、2001年的决策树，以及2006年"神经网络之父"杰弗里·辛顿（Geoffrey Everest Hinton）提出的深度学习算法（Deep Learning），当然也包括当今火爆全球的"大模型"。

如今，没有人会再怀疑人工智能的有用性了，甚至我们数字生活的每一刻都受到人工智能算法的支配。这些生活瞬间包括你用手机浏览新闻、订购外卖，以及我用手机写这篇小文的过程。

回看人工智能的三次起落，不难发现人类并不缺乏伟大的头脑，但常常令这些伟大头脑英雄气短的是算力不足。人工智能每一次的"起"都源于算力的突破，而每一次的"落"也是因为算力的不足。更奇妙的是，新的算法总是要求更高的算力。如今，ChatGPT大模型的训练参数量，已经需要以"千亿"来计量了。

蝶变5：打开数业时代新图景

四

伴随大模型对超强算力的需求，超级计算机和量子计算技术也迎来了实现重大突破的时刻。

先简单说说超级计算机。

在科技发展领域，超级计算机已经与科技理论、科学实验并称为"支撑现代科技大厦的三大支柱"。包括在学术研究领域，没有超强算力的支撑，几乎没法做出重大的科学发现。最早开发出超级计算机的人是一位"隐士"，之所以这样称呼他，是因为这个人性格内向、不愿抛头露面、极少发表演讲，喜欢避开"人世"埋头搞研发，这个人就是"超级计算机领域的爱迪生"——西莫·克雷（Seymor Cray）。1960年，刚刚成立三年时间的控制数据公司（CDC）接到了美国原子能委员会的委托，开发超级计算机，这家公司当时的电脑总设计师就是年仅31岁的克雷。他带领自己的研究小组埋头苦干，花费了三年多的时间，终于做出了第一台超级计算机CDC6600。这台计算机共安装了35万个晶体管，运算速度为3MFLOPS，是当时其他电脑的10倍，算得上是真正意义上的超级计算机，主要用在美国原子能委员会领

第3章 算数

导的各个核武器实验室和大学的计算机实验室。到1969年，CDC6600和随后的CDC7600系列共销售出去了150多台，这在当时是非常了不起的商业成就。

然而，商业的成功并不是克雷追求的目标，他真正的梦想是继续提升超级计算机的算力性能。为此，他离开了自己一手带向辉煌的CDC公司，于1972年创办了克雷研究所（Cray Research），任务是制造业界最快的计算机并引领大规模科学计算。由于没有获得华尔街资本的资助，他和助手们在密林中找到一个落脚之处，谢绝一切社交活动，埋头绘制图纸、制作零件，终于在四年后再次创造历史——史上最成功的超级计算机Cray-1诞生了。克雷在Cray-1中，第一次采用了集成电路来制造，运算速度达到了每秒钟2.4亿次，是当时市场上其他机型的40多倍，但价格却相差无几。此后，他们又推出了Cray-2，性能比Cray-1强大了4～6倍，运行速度达到了每秒12亿次的浮点运算，很多以前需要几年时间的运算任务，在Cray-2上只需要1秒钟。到了1984年，克雷研究所占据了全球超级计算市场70%的份额。

但好景不长，个人计算机在20世纪80年代中后期迅速崛起，对超级计算机形成了巨大的冲击，导致Cray-3在商业市场的表现非常惨淡。此时，克雷再一次与公司管理层产生

蝶变5：打开数业时代新图景

意见分歧，并于1989年退出自己创办的克雷研究所，另行成立了克雷计算机公司，全力研制Cray-4，设计目标是实现每秒1000亿次的浮点运算，但没有成功。1995年，克雷计算机公司宣布破产。

面对事业的几次大起大落，克雷愈战愈勇。1996年8月，已经年逾古稀的克雷再次向超级计算发起冲锋，创办了克雷研究公司（SRC），希望能再造奇迹，可惜厄运突然降临，在一场车祸中克雷与世长辞。

如今，全球超级计算机市场的格局早已大变。

1976年底，即将卸任的美国总统福特签发了两台Cyber 172型超级计算机的对华出口协议。但美方对这款计算机做了手脚，运算性能远低于实际水平，而且规定只能用于地质勘探。更加难以接受的是，这两台计算机被放置在专门的玻璃机房内，钥匙由美方掌管，每次使用必须由美国人批准同意才行，用完后美方会马上封锁玻璃房，操作日志还要定期上交给美国政府审查。后来，我们从日本进口的超级计算机也比照同样的做法，设立值班人员和监控日志审核制度。这就是让我国科研人员感到羞耻的"玻璃房事件"。这种情况一直持续到20世纪80年代初，让中国的科研人员真正意识到，依靠购买国外进口设备来达到自我提升是不切实际的，

第3章 算数

核心技术必须要自力更生、自主可控。

1978年3月，邓小平在听取了计算机发展汇报后，说："中国要搞四个现代化，不能没有巨型机（超级计算机）。"之后，明确由国防科工委承担首台亿次超级计算机的研制，这项任务被命名为"785工程"，时任国防科工委主任张爱萍上将将其取名为"银河"。1983年12月26日，中国第一台亿次超级计算机"银河1号"通过国家技术鉴定，横空出世，标志着中国成为继美国、日本之后，第三个拥有独立设计和制造超级计算机的国家。

2009年，"天河1号"诞生，这是我国第一台千万亿次级超级计算机；2010年，升级之后的"天河1A"位居全球计算机500强第一位；2013年，"天河2号"再次名列全球超级计算机500强第一位；2016年6月20日，在法兰克福世界超算大会上，中国的"神威·太湖之光"位居榜单之首，速度比排名第二的"天河2号"快了近2倍，效率提高了3倍。接下来，"神威·太湖之光"多次蝉联世界第一，接续创造了中国的超算奇迹，成为名副其实的"国之重器"。截至2021年6月，全球超算500强中，中国拥有206台，美国124台，入选的超算数量大大超过了美国。

2006年2月9日，国务院颁布《国家中长期科学和技术发展规划纲要（2006—2020）》，提出将千万亿次高效能计算机研制列入优先主题，并部署建设拥有千万亿次高效能计算机的超级计算中心。截至2020年，科技部批准建设的国家超级计算中心共有8所，分别是国家超级计算天津中心、广州中心、深圳中心、长沙中心、济南中心、无锡中心、郑州中心、昆山中心。2021年，国家超算成都中心纳入国家超算中心序列。2022年4月，国家超级计算太原中心通过科技部审批。2023年4月，国家超算互联网工作启动会在天津召开，会议发起成立了国际超算互联网联合体，旨在打造国家算力底座，促进超算算力的一体化运营，助力科技创新和经济社会高质量发展。其应用领域涵盖科学研究、机械制造、新能源新材料分析、影视制作、大数据云计算等，大到飞机设计、气象预测，小到薯片尺寸、冰激凌口感。可以说，无论是国家安全、科技发展，还是造福民生，都离不开超算的支持。

再简单说说量子计算。

简言之，量子计算是量子力学与计算机科学相结合的，一种通过遵循量子力学规律、调控量子信息单元来进行计算的新型计算方式。它以量子比特作为基本运算单元，利用量子叠加、量子纠缠的特性，并通过量子态的受

第 3 章 算数

控演化来实现信息编码和计算存储，具有经典计算技术无法比拟的信息携带量和超强的并行计算处理能力。早在1981年，著名物理学家、诺贝尔奖获得者理查德·费曼博士（Richard Feynman）就曾提出"自然界不是经典的，如果你想对自然界进行模拟，你最好让它变得'量子力学'"。基于此，费曼提出了一个想法：用量子计算机来模拟传统经典计算机难以模拟的量子系统。这一想法在事实上开启了量子计算这一研究领域的大规模研究。

对于现代的经典计算机而言，底层的数据格式是二进制的。具体做法是，通过控制晶体管电压的高低电平，来决定一个数据到底是"0"还是"1"，其在工作时将所有数据排列成一个比特序列，并进行串行处理操作。量子计算机与此不同，因为量子存在两个独特的效应——量子叠加和量子纠缠，前者能够让一个量子比特同时具备0和1两种状态，而后者能让一个量子比特与空间上独立的其他量子比特共享自身状态，这两种效应能够创造出一种超级叠加，实现量子并行计算，计算能力会随着量子比特位数的增加，呈现指数级增长。

举个例子。在经典计算机中，二进制数字"101"加上二进制的"010"，得到的结果是"111"，转换成十进制的意思就是"5+2=7"。但在量子比特中,每个量子比特都是0和1的叠加,一次就能表示0到7(十进制)这8个数,当我们输入2(二进制010),并发出运算指令后,所有8个数都开始运算,都加2,并同时得出8个结果(2、3、…、9)。这意味着,经典计算中的3个比特一次计算,只能得到一个结果;而量子系统中的3个比特一次计算,可以得到8个结果,相当于同时进行了8个计算任务。从某种意义上讲,相当于把计算速度提高到原先的8倍。推而广之,n个量子比特便可以表示$2n$个数的叠加,使得一次量子操作理论上可以同时实现对$2n$个叠加数进行并行运算。因此,量子计算提供了一种从根本上实现并行计算的思路,具备超越经典计算机运算能力的潜力。

1994年,贝尔实验室的彼得·秀尔(Peter Shor)开发出了用于整数分解的量子算法,也就是"秀尔算法"。在该算法中,如果用每秒运算万亿次的经典计算机来分解一个300位的大数,需要10万年以上的时间;而如果利用同样运算速度的量子计算机来执行秀尔算法,则只需要1秒钟。

理论上,拥有50个量子比特的量子计算机,其性能就能超越目前世界上最先进的超级计算机"天河2号";拥有300个量子比特的量子计算机,就能支持比宇宙中原子数量更多的并行计算。这样的计算能力几乎可以"碾轧"所有的经典计算框架，为密码分析、气象预报、石油勘探、药物研发等需要大规模计算的难题提供了解决方案，并可以支撑起大规模的基础科学研究。

2019年，谷歌公司构建了一个包含53个超导量子比特的量子处理器"悬铃木（Sycamore）"，率先实现"量子优越性"，即量子计算机对特定问题的计算能力超越经典超级计算机。2020年，我国量子计算科学家潘建伟领导的研究团队，在光量子体系上实现了量子优越性。2021年，中国科学技术大学构建了当时世界上量子比特数目最多的62比特超导量子计算原型机"祖冲之号"，在超导线路体系上实现了量子优越性。随后，他们在此基础上进一步实现了66比特的"祖冲之二号"，具备执行任意量子算法的编程能力，对量子随机线路取样问题的处理速度，比目前最快的超级计算机还要快上1000万倍，计算复杂度较谷歌悬铃木提高了100万倍。目前，我国是世界上唯一在两种物理体系达到这一里程碑的国家。

2020年10月16日，中共中央政治局举行第二十四次集体学习，主题就是量子科技研究和应用前景。习近平总书记发表重要讲话，为当前和今后一个时期我国的量子科技发展做出重要战略谋划和系统布局。以量子计算、量子通信和量子测量为代表的量子信息技术，将为推动基础科学研究探索、信息通信技术演进和数字经济产业注入新动能。

当下，算法与算力的打怪升级，仍在继续……

第 2 篇

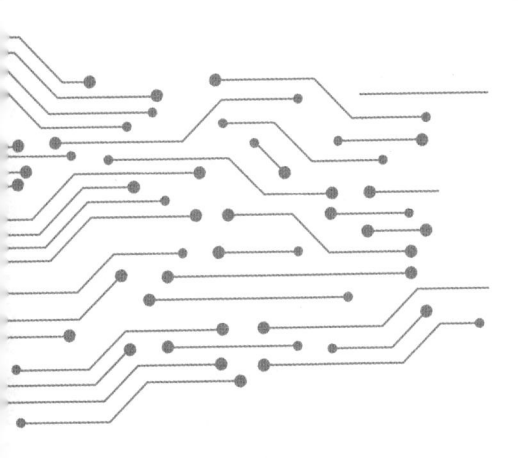

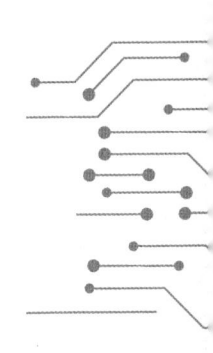

数之用

1964年10月16日是中国第一颗原子弹爆炸成功纪念日。这一天，中国在西部罗布泊地区成功爆炸了第一颗原子弹，成为世界上第五个拥有核武装的国家。中国在一穷二白的基础上攻克"两弹一星"的故事成为传奇。

1959年，苏联停止对华技术援助，撤回所有专家。离开前，三位苏联核专家在课堂上留下了一个关于内爆过程中产生压力的技术指标。1960年，原子弹总体流体力学计算工作正式开始，为验证苏联专家提供的这个教学模型参数，中国的科研人员在历经20天的计算之后，发现这个参数出现了偏差，计算工作陷入僵局。接下来的三个月里，邓稼先又带领科研人员用手摇计算机、计算尺乃至算盘，不分昼夜地进行了三次计算，仍未得出和苏联专家一致的结果。

蝶变5：打开数业时代新图景

接下来，又进行了第五次、第六次……直到第九次突击计算，结果还是对不上。这九次运算用掉的草稿纸，重量竟然达到了60多吨。

1961年中，时年32岁的物理学家周光召主动要求回国参加原子弹的研究工作。他在仔细检查了这九次计算结果之后，认为计算并没有问题。最后，周光召运用炸药能量"最大功"原理反证了苏联的数据有误，也印证了中国科学家九次计算结果的准确性，为我国第一颗原子弹的爆炸成功扫清了障碍。

这个事件，就是两弹一星研发中著名的"九次运算"。后来，数学家华罗庚评价说，这九次运算"集世界数学难题之大成"。要知道，当时中国科学家可以使用的计算条件是相当简陋的，最先进的一台104型计算机，其算力还比不上今天的一台普通智能手机。

如今，我们每个人拥有的算力资源，是当年整个两弹一星团队都无法想象的。无处不在的算力，正变得像水和电一样随处可得。

第 4 章　算力

一

笼统来讲，力是人类认识和改造世界的力量之源。我们先是认识到了自然之力并为我所用，比如风力、重力，再是驯服了畜力，比如驴拉磨、牛犁地、马驮人等。到了工业革命时代，人类找到了能够产生大规模"人造力"的方法，比如蒸汽机、内燃机的发明。再往后，我们又人工制造出了电力，当然，还有"算力"。

跟电力类似，算力也不是自然力，而是一种人为制造出来的力量。通俗来讲，算力就是计算的能力。再具体一点，算力就是驱动比特运动的能力。再学术一点，算力就是"设备根据内部状态的改变，每秒可处理的信息数据量"

蝶变5：打开数业时代新图景

——这是2018年诺贝尔经济学奖得主威廉姆·D.诺德豪斯（William D. Nordhaus）给出的算力定义。

我认为，算力是电力在数据时代的再统一。这话怎么理解？首先，电力作为一种人造之力，是对之前人类已知的各种力的一次大一统的过程。比如，煤油汽油提供热力、水提供水力、风提供风力、核燃料提供核能等，这些力在有了电之后就都能统一转换成电力。之后，再通过电力网面向全社会提供标准的电力服务。其次，用电力来计算是当代计算机的前提。没有电的计算设备不能称之为计算机，充其量算是"计算机械"。所以，算力是叠加在电力之上的，也是对之前各种"非电计算"的一次统一过程——电算才是算。最后，算力由电而生，却与电相异。如果说其他动力驱动了电荷运动从而产生电力的话，那么算力就是用各种形式的电力来驱动比特的运动，并在此基础上形成统一标准的算力，然后通过算力网向全社会赋能。展望一下未来，说不定算力以后又会为智能或者智力这种新的力奠定基础。

这种演进可以看成是"力的进化"。

既然算力的基本意思清楚了，那么如何度量算力呢？我们能像将一台功率为1000W的电器工作1小时所消耗的电能定义为1千瓦时，即"1度电"那样，来令人信服地度量

第4章 算力

算力吗？计量方法当然有，但我保证你会对此不感兴趣。不妨摘录一段工信部2023年8月份发布的算力报告数据来看：

我国算力产业规模快速增长，年增长率近30%，算力规模排名全球第二。

（上面这句还好理解，接着往下看……）

截至2022年底，我国算力规模达到180百亿亿次浮点运算/秒（180EFLOPS），仅次于美国，存力总规模超过1000EB（1万亿GB）。

（看傻了吧？接着来……）

国家枢纽节点间的网络单向时延降低到20毫秒以内，算力核心产业规模达到1.8万亿元。

看完上面的新闻报道，估计你会跟我有同样的感受：这都说的啥呀？确实，作为新近几年才频繁使用的"算力"一词，我们还真没有广泛认同的测度单位，就连算力的英文名称都还没有统一的说法。国外机构一般称作"Computing Power"，基本上是"算力"一词的英文直译。但国内有学者认为，这个英文词语并不能清楚地表达我国所认为的算力一词的内涵和外延，应该改为"Computility"——前半部分代表计算 Compute，后半部分代表效用 utility，这样就把算力定义成了"体现为用户实际效用的计算性能"[1]。我认为这么解释有道理，也更利于算力概念的社会推广和普及。

问题是，到底怎么度量呢？这得至少分四个层次来说。

第一层，先要度量清楚数据，毕竟计算的对象是数据。在计算机世界里，一切类型的数字都可以被表示为二进制的 0 和 1 的组合，所以一台计算机的性能高低，首先取决于这台计算机可以计算的数字范围，以及进行数值计算时所能达到的精确度（精度）。在计算机系统中，每个基本存储单元都被设计为存储 8 个二进制数，这个存储单元就是一个"字节"。如果一个存储单元被定义为表示一个整数，那么对应的就是整型算力，记作 INT 8，说明这个数字占用了一个基本存储单元的 8 位地址。如果要表示一个小数，就相当于多了位数，那就需要更多字节来存储了。所以数字位数越多，意味着计算的精度就越高。由此，在整型算力之上还有半精度算力（16 位，记作 FP16）、单精度算力（32 位，记作 FP32）、双精度算力（64 位，记作 FP64）。精

---

[1] 详见：孙凝晖，张云泉，张福波.《算力的英文如何翻译？》，《中国计算机学会通讯》，2022 年 9 月 10 日，第 87 页.

第4章 算力

度越高，计算机所能表示的数字范围就越大，能够支持的运算复杂程度就越高，但同时占用的存储单元也越多，付出的计算代价就越高。

由此，对应到具体的应用场景上，就需要仔细考虑精度与计算任务的匹配问题了。像超级计算机这样的算力机器，主要服务于天气预报、分子模型模拟、天体物理模拟、化学反应模拟等高精尖领域，算力精度要求高，通常以双精度数值计算为主。一般的人工智能训练，比如语音识别、图像处理这样的计算任务，低精度运算甚至整型计算就足以满足要求。形象来说，如果把数据比作货物，那么高精度算力就是重型卡车，低精度算力就是小型货车，整型运算就是三轮车。接下来，就看你要拉什么货了——为避免浪费，拉什么货用什么车，拉特种货就得需要特种车（专用算力）。当然，你也可以搞个"货拉拉"——啥车都有，运啥都快！

二

搞清楚了数据在计算机中的基本存储方式，就可以测量数据的容量或者规模。接下来，就需要弄清楚如何衡量"算"的问题了。

蝶变5：打开数业时代新图景

计算机每进行一次运算，就是一次"操作"，而每一次操作就是芯片使用运算符对数据完成一次运算的过程。由此，算力的大小就取决于计算机在单位时间里（比如，每秒）能够完成多少次操作。一般来讲，计算机里存储的数据可以分为两种：定点数（Fixed Point Number）和浮点数（Floating-Point Number）。所以，计算也就分成了定点运算和浮点运算两种。

定点数，指的是小数点固定地位于实数所有数字中间的某个位置。举例来讲，"99.00"或者"00.99"都是一种定点数，在这样的数据表达方式中，小数点的位置是固定的，所以叫"定点"。这种表达方式的缺点是形式过于僵硬，小数点的位置决定了固定位数的整数部分和小数部分，不利于表达特别大或者特别小的数。

现在的计算机系统基本都采用浮点数的表达方式，也就是用科学计数法——用一个尾数（Mantissa），一个基数（Base），一个指数（Exponent）以及一个表示正负的符号——来表达一个实数。例如，123.45这个数，用十进制的科学计数法可以表达为 1.2345×10^2，其中1.2345为尾数，10为底数，2是指数。当然，你也可以把123.45这个数表达为 12.345×10^1，或者 0.12345×10^3 等。由此，利用科学计数法

第4章 算力

就可以达到浮动小数点的效果，这样就可以灵活地表达更大范围的数。

1985年，美国电气和电子工程师学会（IEEE）正式对浮点数的表示进行了标准化，并在2008年进行了更新，形成了IEEE 754标准。在该标准中，浮点数是将特定长度的连续字节的所有二进制位，分割为特定宽度的符号域、指数域和尾数域三个域，其中保存的值分别用于表示给定二进制浮点数中的符号、指数和尾数。这样一来，通过尾数和可以调节的指数就可以表达给定的数值了。

在具体度量上，定点数的运算一般用OPS（Operations Per Second），即每秒操作数来表示。随着算力的提升，计算机每秒能完成的操作数已经很大了，所以就有了TOPS、GOPS、MOPS等指标。你只需要记住这个OPS就行了，其他的前缀字母都是单位数量的提升或者指定。对于浮点数的运算，一般用FLOPS（Floating-Point Operations Per Second）来表示，指的是每秒完成的浮点运算数，扩展开来，有PFLOPS、TFLOPS、GFLOPS、MFLOPS等量级提升指标。需要指出的是，面向的数据不同，计算机系统的算力也是不一样的。100TOPS和100TFLOPS尽管数值相同，但后者的算力要比前者高很多，因为浮点数据运算需要用到更复杂的指令系统，其工程实现要比定点数运算更复杂。前文提到的工信部数据，指的就是浮点运算。

再往深一层看，算力大小就跟指令集有关了。毕竟，完成对数据的操作需要依赖中央处理器（CPU），所以中央处理器的性能也就直接决定了计算性能。历史上，CPU的指令集有精简指令集和复杂指令集之争，两者可以说各有利弊。不过，技术迭代到今天，两者已经基本不分伯仲，精简指令集有ARM基座支撑，驰骋于移动计算领域，复杂指令集有英特尔的X86架构支持，依然统治着通用算力领域。此外，还有一些后起之秀，比如开源的RISC-5等。指令集的技术迭代大大扩展了计算的范畴，在系统资源调度、系统管理等方面提供了基础性的算力支撑。

最后一层，就是网络能力。在网络化的当下，数据四处流动，每台设备都可以是一个联网节点。所以，设备之间的数据交换和算力共享变得越来越重要，这就需要网络传输能力的提升。甚至，在基础算力越来越高的情况下，网络能力成了算力输出最重要的影响因素。目前，中国的运营商正依靠自身强大的网络能力，构建"算力网络"，以实现算力共享、算存一体，最终达到"算网融合"。上文提到的"网络单向时延降低到20毫秒以内"，说的就是网络传输速度。

第4章 算力

以上四个层次的因素都会直接影响算力，在进行算力测度的时候必须要通盘考虑。在这里，本人提供一个有关算力的通俗理解：算力就是计算机系统对外输出的"功力"，而"功力"取决于实力和发力技巧。分开来看，计算实力来自数据存储能力（第一层）和运算能力（第二层），发力技巧包括指令集（第三层）和网络能力（第四层）。合起来，算力 = 实力 × 发力技巧。

好了，既然能够"发功"，那么算力就是一种生产力，是继热力、电力之后又一种新的人造伟力！

三

早在1988年，改革开放的总设计师就提出了"科学技术是第一生产力"的论断。前不久，习近平总书记也提出，要加快形成"新质生产力"。算力发展得益于当今科学技术的加快创新，也激发出了大数据、云计算、人工智能、区块链等的应用，所以算力领域是当今科学技术创新的活跃地带。同时，算力是数据时代更具融合性、更有利于促进新旧动能转换，实现经济高质量发展的引擎。由此，虽然算力不一定是"第一生产力"，但若认为算力是新质生产力的一种，应该是没有什么问题的。

当前，一些研究结论已经证明了算力的重要性。根据中国信息通信研究院的测算，算力每投入1元，将带动3元至4元的GDP增长。国际数据公司（IDC）联合浪潮信息、清华大学全球产业研究院发布的《2022—2023全球计算力指数评估报告》指出，尽管全球GDP增长普遍放缓，但数字经济保持了强劲增长，算力是经济增长的主要驱动力。该报告针对15个重点国家的计算力数据测算得出，计算力指数每提升1点，国家的数字经济将增长3.6‰，GDP将增长1.7‰，预计这个趋势在2023—2026年间将继续保持。

同时，算力对经济增长的驱动还会呈现出阶梯式跃升：当一个国家的计算力指数达到40分以上时，国家计算力指数每提升1点，其对GDP增长的推动力将提高到40分以下的1.3倍；当计算力指数达到60分以上时，国家计算力指数每提升1点，其对GDP增长的推动力将提高到40分以下的3倍。这说明，算力在这一水平线上对经济的拉动作用更加明显。此外，算力对数字经济增长的影响更直接和明显。据测算，IT支出每投入1美元，可以拉动15美元的数字经济产出。另外，在制造业全球前30名企业中，IT每投入1美元，可以拉动45美元的营收产出以及6美元的利润产出。

第4章 算力

由此，算力先发国家的优势会随着算力投资的增加而增强，加大算力投资就此成为驱动国家经济增长的新引擎。这一研究结论也印证了为什么美、中、欧、日等国家和地区拼命投资算力产业，给出的相关补贴资金均以千亿计。可以说，算力产业在全球范围内都是一条新兴的黄金赛道。

除驱动经济规模增长外，算力还可以赋能产业高质量发展。随着算力加速向政务、工业、交通、医疗、金融、物流等领域渗透，互联网、大数据、人工智能与实体经济越来越深度地融合，催生出了很多新兴业态，极大地激发了数据要素的创新活力，形成了一批新的经济增长点。

更有意思的是，算力还促进了"良治社会"的形成。《互联网周刊》主编姜奇平老师曾经讲过一个例子：徐州沙集镇，这里过去曾经有很多游手好闲的人，经常偷盗抢劫，甚至因此蹲班房。后来，这个地方电子商务兴起后，一下子让人们看到了希望，这些游手好闲的人也加入了电子商务的从业大军，忙得再也没有时间上街瞎溜达了。

总结来看，算力对经济来说，能带动增长，可赋能高质量发展，还能培育新的经济增长点，是为"兴业"；对社会治理来讲，能创造就业机会，可精细化治理，有利于市容市貌改善，还能便民普惠，是为"惠民"和"优政"。据中国信息通信研究院测算，2016—2020年，我国算力规模平均每年增长42%，数字经济规模增长16%。又据中国（深圳）综合开发研究院预测，到2025年，我国数字经济规模有望突破80万亿元；到2030年，有望突破百万亿元。算力已经成为衡量经济和社会发展水平的重要指标。

听起来是不是很美好？且慢。

在看到算力经济的勃兴之时，我们还需要认真对待"索洛悖论"——我们到处可以看到计算机，就是在生产率统计报表中看不见。[1]这个悖论现象是1987年诺贝尔经济学奖得主罗伯特·索洛（Robert Solow）提出的，他观察到，一方面，按日常观念来看信息技术无处不在，好像带来了极大的增长；另一方面，同期的劳动生产率却没有发生什么变化。这一观察总结，成为几十年来信息经济学头顶笼罩的一朵"乌云"，关于"索洛悖论"的解释也是争议不断。一个比较能够接受的解释是，科技往往具有相当大的、甚至是变革性的推动作用，但是只有当科技极大地改变了个体与国家之间的关系时，这种变革作用才能彻底发挥出来。这意

---

[1] Solow R.M. (1987), "We'd better watch out". New York Times Book Review, 36.

味着，在商业组织层面上，如果科技不能融入业务流程、重组组织形态、变革管理方式，那么再多的数据系统投资都没有什么意义。

当然，在国家层面上，政府需要提供新的政策，一方面给予科技更大的变革现有生产关系的自由度，另一方面，则要为科技变革带来的副作用做好预防和缓冲。也就是说，对于科技变革，政府既要手持缰绳，又要恰当使用，还要灵活弹性。

第 5 章　数能

一

人们第一次见识到电的威力，要得益于爱迪生发明了耐用的电灯泡。但是，让电灯泡真的在世界各地亮起来，却不是一件容易的事情。

起初，爱迪生设想用电灯泡"点亮华尔街"。他于1882年在位于纽约市珍珠街257号的地方建造了一座发电厂，采用直流电入户的服务方式为曼哈顿下城一平方英里内的82个客户提供电力服务（电厂的输电距离仅有800米）。这样一来，用户不需要自己购买和使用发电机，就能享受到直流电。至此，世界上第一个发电厂诞生了。

但直流电有着天然的缺陷，不能支持长距离输电。这

蝶变 5：打开数业时代新图景

时，超级天才尼古拉·特斯拉（Nikola Tesla）发展了交流电技术，并发明了线圈、交流电发电机、交流电传输技术。这样就可以根据用户侧电压的需要，灵活地在高压电和低压电之间进行切换，从而支持长距离传输，在技术层面上让电力传输成为可能。

真正让电变成价格便宜、人人可用、人人用得起的能源，也就是让电力变成"电能"的人，既不是爱迪生，也不是特斯拉，而是一位脚踏实地的企业家——塞缪尔·英萨尔（Samuel Insull）。他在英国出生，21岁移民美国，是爱迪生早年的私人秘书兼密友，也是通用电气公司（GE）的创始人之一。1892年，英萨尔担任芝加哥爱迪生公司的总裁，他看到的现状是，虽然当时已经有很多发电厂，但多数发电厂只能服务于特定区域的客户，经常产生供需错配，也无法形成规模经济，直接的结果就是电价居高不下。英萨尔想到的解决办法是，通过大规模发电和大规模输电来产生规模经济，降低成本。基于此，英萨尔带领公司对用户的用电周期展开调查。在经过两年多的考察和计算后，他终于制定出了一套行之有效的电价方案——根据高峰用电期和低谷期实行两套收费标准，也就是我们现在熟悉的"峰谷电"电价制度。这套定价方案让客户真切地感受到，大型发电厂的价格要比

第 5 章 数能

自己发电更便宜。到了 1898 年，很多普通居民发现，自家的电费减少了 32%。从 1886 年到 1913 年，灯泡效率提高了 268%，而用电费用同步降低了 61.5%。

伴随峰谷收费标准一同进行的，还有英萨尔领导的一系列摧枯拉朽式的兼并与收购活动。英萨尔明白，想要让电力为公众服务的同时公司还能有利可图，关键之一就在于用电比率的调整。供电站生存的基础不在于负载电量，即售出的总电量，而在于"负载率"——指任一时间内电容量售出的比率。这个数值越高，电站的设备和投资越能得到最大限度的发挥，用电的单位成本就会随之下降。

当时，电力行业一盘散沙的格局并不利于提高负载率，因为他们会在发电、输电、分销和生产设备上进行重复投资。反过来，如果能够将这些公司合并，就能实现基础投资复用，从而节省成本，便于销售出去更多的电，实现"供应激发需求、需求拉动供应"的良性循环。在这样的思想指导下，英萨尔说服董事会大举收购竞争对手，将芝加哥爱迪生公司的势力扩展到了全美 32 个州，1920 年实现收入 4000 万美金，市值近 30 亿美元，服务客户数超过了 400 万，掌控全美八分之一的电力和煤气能源供应，相当于当时任何一个欧洲国家的能源总和。也因此，英萨尔成了当时美国势力最

蝶变 5：打开数业时代新图景

大的企业家之一。

天有不测风云。以摩根财团为首的金融集团，当时也在疯狂侵入公共事业领域，但遭到了英萨尔的公然抵抗。1928年，英萨尔又控制了服务美国东部 14 个州的两条电力系统，这被摩根财团认为是侵入了自己的地盘。很快，芝加哥爱迪生公司遭到了摩根财团的恶意做空，对方在资本市场上找到机会逼迫英萨尔做出了很多错误决策，最终令其深陷泥淖。1932 年，英萨尔被迫辞去总裁职务，随即又被起诉。虽然最终所有对英萨尔的指控都没能成立，但芝加哥爱迪生公司还是走了下坡路。[1]

就在英萨尔辞职一年后，富兰克林·罗斯福（Franklin Roosevelt）就任美国总统。有意思的是，这位坐在轮椅上的总统为应对大萧条，推出了多管齐下的"电力新政"：资助建造大型水力发电项目，希望由联邦政府来主导水电项目，建立一个服务标准，增加参与公用事业企业的竞争能力，并相继出台了《公用事业控股公司法》《联邦电力法》等法案，

---

[1] 有关塞缪尔·英萨尔的事迹，详见：[美] 约翰·F.瓦希克，《电力商人：塞缪尔·英萨尔、托马斯·爱迪生，以及现代大都市的创立》，徐丹译，上海教育出版社 2021 年版.

第 5 章 数能

对美国州际输电和电力销售进行监管。"电力新政"作为"罗斯福新政"的重要组成部分，迅速为大萧条时期的美国构建出了一种"新型"的基础设施，为美国后续的经济复苏提供了有力支持。

这段简史表明了电力转变为电能的过程。电力和电能虽然只有一字之差，含义却相当不同。电力是一种供给侧视角，而电能则是需求侧的视角，指的是"使用电以各种形式做功的能力"。要用上这种新型的"能"，至少得有几个先决条件：其一，得有规模化的发电站，否则没有充足的电力产生；其二，得有电力输送设施，比如电网，否则电荷无法长距离流动，电力要变成"电流"，以电网来承载、输送；其三，得有调度电力的机制，不然没法做到"削峰填谷"，电网负载无法平衡；其四，得有围绕电能的上下游产业链参与者，形成一个电能生态体系，否则电能很难转化应用；其五，得有像爱迪生和特斯拉这样的发明家，还得有像英萨尔这样的企业家，当然也少不了像罗斯福这样的政策制定者。

二

回顾过去的新冠感染疫情三年，你会发现，在整个社会

蝶变5：打开数业时代新图景

人员和货物流动停滞的时期里，数据的流动反而被加速了。这带来的直接结果是互联网平台进一步壮大，电子商务、生活服务、出行、支付等数字经济形态迅猛发展，甚至在某些生态位上形成了垄断地位。另一方面，数字技术在社会治理尤其是疫情防控中的独特作用更为凸显，充分发挥出其"致广大而尽精微"的神奇力量。

疫情以来全球经济下行，为了应对疫情带来的经济影响，并对数字经济发展形势进行前瞻性规划，我国在过去几年里，围绕"数据"这一新型生产要素展开了一系列的政策布局，进行了大量的顶层设计，一套数字经济的"中国方案"蔚然成形。这些布局，基本上都有政府的手在推动、部署，或可称之为中国特色的"数据新政"。

"数据新政"的总帽子，是"数字中国"。这意味着，未来整个国家方方面面的运行和治理都要建基于数据底座之上，这是涉及操作系统级别的升级和进化，无异于一次革命。

先说一下政策出台的基本大背景：其一，我国数字经济基础很好，不但国内先进，还国际领先。在非常多的领域，我们都做到了西方发达国家不曾做到的事情，甚至有人将"高铁""扫码支付""共享单车""网络购物"归纳为中国的"新四大发明"。可见，在数字化应用方面，我们确实闯出了一番名堂。这四样东西虽然都不是中国首先发明的，但只有在中国才充分激发出了市场潜力。当然，这首先得益于中国政府在数字经济领域的包容性政策倾向。没有宽松的政策支持，数字经济不可能有现在的景象。所以，政策昌明、产业努力、用户买账，三者联手促成了繁荣的互联网生态体系。

其二，互联网生态的自我进化也引发了很多问题。一方面，基于"变大优先"逻辑成长起来的平台公司，很容易在某些生态位上形成一家独大的局面，这会抑制广泛的社会创新力量。再加上收集并拥有了巨额的用户数据后，大型平台获得了市场竞争的天然优势，很容易走向"大数据杀熟"，这一步迈出就真的"越界"了。更严重的是，一些互联网金融平台尤其是P2P金融平台，利用数据优势疯狂敛财而毫无节制，最终爆雷时引发强烈的负面舆情，产生很多社会不安定因素。这些都是挑战社会基本规则的反面事例。另一方面，我们在数字技术应用上狂飙突进的同时，数字技术创新却拖了后腿，很多关键性、卡脖子的技术迟迟得不到突破，经常让整个产业陷入裸奔的境地。这带给人们的感觉是，似乎互联网公司除了颠覆这个颠覆那个，正经事儿就没怎么干过，反而专在"鹭鸶腿上劈精肉"，就连《人民日报》都代表人民发出提醒，"如果只顾着低头捡六便士，而不能抬头

蝶变5：打开数业时代新图景

看月亮、展开赢得长远未来的技术创新，那么再大的流量、再多的数据也难以转变成硬核的科技成果，难以改变我们在核心技术上受制于人的被动局面"，要求互联网平台"别只惦记着几捆白菜、几斤水果的流量，科技创新的星辰大海、未来的无限可能性，其实更令人心潮澎湃"[1]。

其三，数据涉及国家安全。习近平总书记指出，网络空间不是"法外之地"。这意味着，虚拟的网络空间也要和现实空间一样遵守、遵循法律法规，也要顾及国家安全。不过，网络时代数据的天然流动性，导致数据共享的边界很难界定，一不留神就有可能让数据流向不该去的地方。再加上数据因关联而产生价值的特点，使得多方数据的叠加分析有可能洞穿一切铜墙铁壁，使某些领域或者整个国家陷入危险境地。如此一来，数据治理的重要性日益凸显。不仅我国如此，遍观全球，每个国家和地区都对自己境内的数据监管和治理开展了大量的立法和政策制定工作。难怪习近平总书记会说"数字经济事关国家发展大局"，需要将其上升为国家战略。

---

[1] 详见：常盛，《"社区团购"争议背后，是对互联网巨头科技创新的更多期待》，人民日报评论，2020年12月11日.

第5章 数能

以上三个方面，基本上勾勒出了"数据新政"的粗略背景。根据这些，可以自然得出有关数字经济的三个基本判断：有基础、存短板、需治理。那么接下来需要做的就是，进一步夯实基础，全力以赴补足短板，精准有效的数据治理。

一场"数据革命"就此展开。

三

既然是"数据新政"，关键落脚点肯定在基础设施建设上，也就是"数据基建"。从2019年到现在，短短几年时间里，我国围绕数字经济在"硬基建"和"软基建"两个基本面双线突进，取得了初步的成效。

关键性的政策启动点是十九届四中全会（2019年），大会报告中第一次清晰地指明了数字经济未来的发展方向——与实体经济深度融合。这是站在中国数字经济的上下半场分水岭上做出的战略判断。在此之前，数字经济主要体现在"数字产业化"，也就是互联网平台这些数字先锋们率先认识到了数据的重要性，并依靠技术手段让数据转化成了商业，最终促成了数字产业的兴起。但在这个时期，数字经济与实

蝶变 5：打开数业时代新图景

体经济的融合并不深入，我们倡导的"互联网+"战略的结果，是互联网公司倒是真的加了，实体经济的很多单元却遭受巨大的压力，甚至出现了实体店"关店潮"现象。此外，互联网平台公司自成生态的特点以及独特的股权治理方式，很容易越走越"虚拟"。怎么才能让数字经济的根基真正扎在中国大地上，且行稳致远？破局之路在于"产业数字化"，而要实现产业数字化，就必须让"数字经济与实体经济深度融合"。

在这一大政方针指引下，"基建先行"成为各方共识。毕竟我们是"基建狂魔"本魔，之前也实实在在尝到了提前布局基础设施建设带来的好处，例如高铁。数字经济同样需要数据基础设施，只不过这些基础设施不再是传统的"铁公机"，而变成了"算、存、网"。2020年4月，国家发改委提出的"新基建"计划，共包含了七大领域，其中有四项都跟数据基础设施有关——5G基建、大数据中心、人工智能和工业互联网，紧紧围绕"算、存、网"。2021年5月24日，国家发改委、中央网信办、工业和信息化部、国家能源局四部委联合发布《全国一体化大数据中心协同创新体系算力枢纽实施方案》，明确了"国家算力枢纽"建设方案，提出加快建设全国一体化算力枢纽体系。此文件的发布，意味着超

第 5 章 数能

级工程"东数西算"的顶层设计已经完成。

"东数西算"工程可不是脑门儿一热的决策,而是历经十余年经验积累的必然结果。早在 2012 年,我国产业界就开始了"数据西迁"运动——将东部企业一些时效性需求不太高的数据适当迁移到西部,原因很简单——东部数据丰富,但存储数据花费的电费更贵,可以把一些不太常用的数据存储到西部地区的机房。基于此,很多大型企业都在西部地区建立了灾备中心。这个阶段的主要思路是"东数西存",有点像"西气东输"工程,是数据的单向转移,而不是双向调度。后来,随着网络技术的发展以及带宽供应的充足,东西之间双向的数据调度变得越来越容易了。这时候,贵州和内蒙古等地抓住机会,大力建设大数据中心,并成功吸引大型数据企业入驻。这样一来,西部地区的数据中心就不再只是扮演灾备机房的角色了,而演化成了真正的算力网"节点"。

2016 年 10 月,中央政治局会议提出"建设全国一体化的国家大数据中心"。2020 年,国家信息中心首次提出"东数西算"的完整框架和推进路径。之后,又经过两年时间的反复论证,这一构想基本成形。2022 年 2 月 17 日,四部委联合印发通知,同意在京津冀、长三角、粤港澳大湾区、成渝、内蒙古、贵州、甘肃、宁夏等 8 个地方启动建设国家算力枢纽节点，并规划了 10 个国家数据中心集群。至此，"东数西算"工程正式启动。

当然，"东数西算"可不是一股脑地把东部的数据传到西部去计算再传回来，因为并不是所有的数据都适合传来传去。我们需要对数据进行大致的分类，按照访问的频率和响应速度，数据可以分成热数据、温数据和冷数据。打个比方来说，你进行股票交易的数据可看作热数据，因为要求的响应速度很快；微信上的聊天文本基本上可视为温数据，手机里不常查看的照片就属于冷数据。由于数据的类型不同，"东数西算"也不是一概而论的：热数据一般需要本地数据中心的支持，冷数据可以转移到西部存储，温数据就需要灵活处理，可以西算也可以东算。

有学者对"东数西算"的经济效益进行测算，结果显示：在现有网络运营商的网络条件下，到"十四五"期末，东部约有 585.67EB 的数据可以向西流动，"东数西算"可以节省成本约 3.5%，带动西部就业 1.3 万人起；若将东部可迁移数据全部西迁，到"十四五"期末，将节省约 185.49 亿元的数据中心建设运营成本，包括 49.63 亿元的数据中心一次性建设成本和 135.86 亿元的运维成本。虽然在一次性建设成本方面，东、西部差异不大，但随着逐年累积，运维成本的差距会越来越大,"东数西算"效益将日益凸显。从这个意义上讲,"东数西算"可谓功在当代、利在千秋。[1]

总而言之,"东数西算"这个概念只是为了容易推广而形象化的比喻,其真正的核心是"全国一体化算力网",也即"国家数网",作用等同于"国家电网"。

四

算力无法储存,再加上热数据、温数据、冷数据的"温度差",使国家数网的"数能"供应要比国家电网更复杂,需要统筹协调多元异构算力(多种类型,不同结构)。此外,从需求侧来看,数据的应用场景非常碎片化,呈现出很强的个性化特征。同时,每个数纽(算网节点)都部署在不同的地理位置,而各地的用户需求也存在差异化。在这样的情况下,数网的运行不但要做到"实时泛在""即取即用",还得做到"削峰填谷""因地制宜",并且允许用户"个性化定制",背后的关键问题就是做好"供需匹配"。因此,算力调

---

[1] 童楠楠,陈东,李慧颖等.《"东数西算"工程建设的现状、问题与对策》[J]《大数据》,2023,9(5):9-19.

蝶变5：打开数业时代新图景

度成了重中之重的事情。

　　虽然算力无法存储，但网络可以给算力插上翅膀。中国工程院院士郑伟民老先生曾经提到一个"传输难题"：北京一家证券公司有一批金融数据，需要通过位于无锡的太湖之光超级计算机来训练模型，因为数据量较大，每次传输的数据都在 TB 量级。在网络正常情况下，从北京到无锡传输 4 TB 的数据需要 5 天时间。如果使用高速专线，每月花费要近 100 万元。但如果把这些数据刻成光盘用快递寄过去，第二天无锡就能收到，但安全性又不能保证。所以，很长一段时间里，这家证券公司都是通过"人工运送"的方式往返两地交换数据，每次往返周期长达数天。

　　这个故事说明了数据传输之于计算的重要性。目前，用户对算力的需求越来越多元化。比如，自动驾驶的大数据模拟环境，需要高性能的算力支撑，做到高可靠、低延时、实时性；如今大火的生成式人工智能，其大模型训练需要大量 GPU 的并行计算能力；边缘计算需要就近获得算力供给，以缩短数据回传的距离，降低数据传输时延；此外，物联网的各种应用场景也往往需要针对需求专门定制芯片和算力。以上种种，说明建设大数据中心容易，建设算力网络很难，建成全国一体化算力网络更是难上加难。

第 5 章 数能

2023年6月份，中国信息通信研究院联合中国电信公司，共同发布了我国首个实现多元异构算力调度的全国性平台——"全国一体化算力算网调度平台（1.0版）"（简称"双算平台"），这个双算平台的目标，是通过"三跨四互联"来解决算力的可管、可控、可调度问题。1.0版本的平台已经汇聚了通用算力、智能算力、高性能算力、边缘算力等多元算力资源，实现跨资源池、跨架构、跨厂商（三跨）的异构算力资源调度，达到通用算力、智算、超算和网络的互相联动（四互联），首批已经接入天翼云、华为云、阿里云等云计算服务商。按照政府文件的一般做法，我们可以把这个平台归纳为"一二三四"工程：一个调度平台，两套计算体系（算力+算网），脚踩三只船，确保四互联。

下面说说双算平台（可能的）意义：其一，双算平台在供给侧有效地汇聚起了国家算力枢纽的算力资源，形成了强大的算力供给能力。这是统筹算力资源的第一步，有了这个统筹能力，才能进行切实可行的算力调度。其二，有利于激发数能的规模效应。想一想英萨尔当年谋划电能时对规模的痴迷就能理解，在这个领域，规模意味着一切，没有规模就没法平衡"算力负载率"，也没法实现算力投资的复用，成本自然就降不下来。所以，双算平台不可避免地将推动算力

蝶变5：打开数业时代新图景

成本的下降，而这正是政策制定者期望的结果。其三，平台符合双边市场特征。它的启动一般是单边先行，然后双边跟进，最终达到双边网络效应。现在来看，供给侧的单边网络效应显现之后，非常有利于激发需求侧的加入，而需求侧的加入又会进一步强化算力供应，最终两者呈螺旋式上升状态。其四，双边效应反哺平台，可以让平台在数据的指引下更好地进化。比如，"东数西算"虽然规划了八大枢纽节点，但这些节点的布局是不是最优的？或者，过一段时间之后怎样才能更优？这都需要实际数据的验证和指引。而双算平台提供的数据就可以为促进算力的合理布局提供帮助，让后续的规划更加有据可依。其五，也是最重要的，双算平台表面上调度算力，实质上是在调度数字经济的区域分布，能够将数字企业与算力资源在空间坐标上进行重新选址匹配。这样一来，不但东数可以西算，东企也能西迁，甚至东企西营，反之亦然。这一点，再次印证了数据与现实本就是同根双生的事实。

数字经济虽然是以比特承载的，但过去不能、未来也不会摆脱地球重力的束缚。

第 5 章 数能

五

硬基建夯实了，软基建也得跟上。如果说硬基建指向生产力的话，那么软基建则剑指生产关系。

数据在经济社会中到底应该扮演什么角色？我们现在给出的答案是：生产要素。所谓生产要素，指的是进行社会生产经营活动时所需要的各种社会资源，是维系国民经济运行及市场主体生产经营过程所必须具备的基本因素。因此，一样东西能被称作"生产要素"的话，这种东西必然属于基础性的战略资源。甚至可以说，人类每一次大的时代跃迁，也都是由不同的生产要素所定义的——土地和劳动力定义了农业时代，技术和资本是工业时代不可或缺的生产要素。而数据时代，当然得把数据作为生产要素了。

前文提到的"索洛悖论"，说的是信息技术投资并没有促进生产率的提升，从而导致"我们到处可以看到计算机，就是在生产率统计报表中看不到"这样的现象。随着人们对"信息"（而非信息技术）本身的价值认知越来越深入，"索洛悖论"背后的原因开始浮现出来：原来信息技术只有转化为"有效信息"的时候，其对全要素生产率的提升效应才能日渐显现出来。更进一步，到了 2010 年以后，我们基本上

蝶变5：打开数业时代新图景

厘清了信息技术（各种软硬件设施或设备）和信息技术能力（运用信息技术手段重组、优化企业资源的能力）这两者之间的差异，方才明白后者才是生产率提升的引擎。只有当信息技术与人才、技术、资本、管理、企业家精神等要素深度融合，并作用于组织能力释放、流程再造、服务改善和管理提升的时候，才能真正驱动生产效率的提升。至此，信息这一要素开始脱离信息系统软硬件的束缚，确立了其在经济增长中的独立地位。

既然如此，是不是应该将信息单独列为一种生产要素呢？且慢。一样东西要成为生产要素，除了自身的基础性和重要性，还得满足一个前提条件，那就是不能与其他类型的生产要素存在过多的重叠，以免产生概念混淆。拿信息来说，一方面，信息与之前已经确立的技术这一生产要素存在高度重叠。换言之，我们基本可以用技术要素来涵盖信息技术的大部分，信息能力部分又跟劳动力要素高度重叠。这样一来，如果把信息作为生产要素的话，会存在很多概念模糊域；另一方面，信息是指有用的数据，也就是说，信息是经过处理后具有特定价值的那一部分数据，所以数据相比信息而言更"基础"，其含义也更加宽泛。再进一步，在万物互联的当下，数据的应用更广泛和深入，大量数据并不需要非得以信息的形态出现。但反过来，信息却必须依赖于数据而存在。综合以上所述，显然"数据"要比"信息"在新型生产要素的概念竞争中更胜一筹。

近年来，随着数据向社会各个角落加速渗透，其重要性越来越明显。甚至可以说，一部手机里的数据就等同于一个人的身家性命。在这个时候，将数据列为生产要素并纳入收入分配体系的呼声越来越高，得到了中央决策层的高度重视，成为十九届四中全会重点采纳的社会建议之一。2019年召开的这次大会，正式提出将数据增列为一种新的生产要素。2020年4月9日，《关于构建更加完善的要素市场化配置体制机制的意见》发布，提出加快培育数据要素市场、推进政府数据开放共享、提升社会数据资源价值、加强数据资源整合和安全防护。有学者表示，"中国把数据作为一种要素，强调其市场化配置，应该说在人类文明史上会有一个划时代的意义"[1]。

既然明确了数据生产要素的地位，就要围绕数据要素构建一系列的基础制度。2022年6月22日下午，习近平总

---

[1]　出自2020年10月31日清华大学互联网产业研究院院长朱岩出席"中国企业数字化转型管理峰会"时发表的主旨演讲。

蝶变 5：打开数业时代新图景

书记主持召开中央全面深化改革委员会第二十六次会议，审议通过了《关于构建数据基础制度更好发挥数据要素作用的意见》。2022 年 12 月 19 日，该文件正式对外发布，明确了从数据产权、流通交易、收益分配、安全治理四个方面构建数据基础制度，并提出了二十条政策举措，这份文件因此也被称为"数据二十条"。2023 年 3 月，中共中央、国务院印发《党和国家机构改革方案》，提出组建"国家数据局"，由国家发展和改革委员会管理，负责协调推进数据基础制度建设，统筹数据资源整合共享和开发利用，统筹推进数字中国、数字经济、数字社会规划和建设。7 月 28 日，国家数据局首任局长刘烈宏到任；10 月 25 日，国家数据局正式挂牌。至此，"数据新政"中软基建相关的顶层设计基本完成。

"软硬兼施"的基建思路和快马加鞭的推进速度，充分体现了我们集中力量办大事的制度优越性，也为数字经济的高质量发展奠定了坚实的基础。一幅数据经济的"清明上河图"已经跃然神州大地之上。

第 6 章　数业

一

"数据新政"相当于为全社会召唤出了一种新能量——数能。一种全新的生产力动能，至少会带来两个方面的变化：其一，这种新动能本身会成为一种新兴业态。例如，围绕电能有数不清的上下游参与方，这些市场主体大多是过去没有、现在新生的，而他们创造的价值对全社会来讲也是新增的，可称之为"原生产业"；其二，这种新动能会融入传统业态，进而让传统业态焕发出新的生机，完成所谓的转型升级。例如，进入电力时代后，机械力驱动的各种机器变成了电器，这可以称之为"转基因产业"。对应到数能来说，前者就是"数字产业化"，后者则是"产业数字化"，两者合

蝶变5：打开数业时代新图景

起来就是"数字产业"，简称"数业"。

顾名思义，数业就是以数据为基础性生产要素的产业，是继农业、工业之后的又一种新兴业态。这样一对齐，理解起来就比较容易一些了。比如，有农业社会、工业社会，自然也会有数业社会；有农业革命、工业革命，那是不是也得有数业革命；有农业文明、工业文明，自然也会有"数业文明"；有农民、工人，是不是也会有数民、数人，或者数字人等等。当然，数业与农业、工业还是有着很大不同的，这些不同很可能意味着未来的数业发展会走出不一样的道路。

其一，农业的主要动力来源是人力（劳动）+畜力+自然力，组织形态主要以家庭为单位，偶有手工作坊。工业的动力来源则更加强调机械力，而机械力是一种人造之力，所以这个时候人的作用就显现出来了。机械力的获得必须拥有各种装备设施，比如厂房、生产线，这就需要技术和资本，所以股份公司就兴起了。这是一种以资本为纽带、以逐利为目的"集中力量办大事"的运作行为。数业的动力来源在两者之上，更加强调计算力，这种能力更需要知识，所以现在的先锋企业都特别重视研发，也都期待能够构建"知识共同体"。典型的知识共同体就是开源社区。

其二，农业必须依赖土地，而土地向来稀缺，所以只有

第6章 数业

少部分人享有土地所有权，大部分人都只是在土地上劳作的普通农民。工业必须依赖厂房，也是一种稀缺资源，只有少部分资本家才有实力建厂生产，大部分人都只是在工厂里上班的打工人。数业有所不同，数据人人都有，人人都能生产，人人也都在消费。从这个意义上来讲，数业并不像前两个时代那样，容易形成"地主与佃户""有产与无产""资方与劳方""买方与卖方"之间的对立，反而会让过去对立的变成统一的，每个人既是资产所有者又是劳动者、既是生产者又是消费者、既是股东又是员工……这些"既是……又是……"将弥合因分工而造成的沟壑，让每个参与方都成为数业生态体系中的一个物种——栖身于生态，但都有独立的生命——这将形成一种"共益型"机制，你好、我好、都挺好。

其三，农业的土地源于大地，怎么搬也搬不走，只能将所有权或使用权转手买卖。工业的厂房也是如此，机器设备虽然可以搬走或者销售，但移动的成本一般都很高。数据则具有无形性、非消耗性等特点，可以接近零成本无限复制。其所依赖的生产与消费环境是数字空间，在这个空间里数据可轻易流动，甚至可以说，数据恰恰是因为流动而产生价值。毕竟单一维度的数据价值有限，数据因关联才价值倍增。由此，对待数据就不能用像对待土地和厂房那样的方式了——要考虑到数据的这些特点。很多时候，仅仅握有数据没什么用，放飞数据才能释放价值。这就需要仔细考虑数据的产权问题，而不能生搬硬套传统的"所有权"概念。

以上三个方面，分别对比了农业、工业和数业的动力机制、组织形态和产权安排。在数业时代，这三个方面都可能会发生变化，当今的政策制定者和数业参与主体们，对此必须要有清晰的认知。

这三个方面中，重中之重的问题是产权。这也是数业区别于其他两业最显著之处。并且产权安排属于生产关系层面的上层建筑，制约着数据生产力的发挥，决定着未来数业的走向。关于这个问题，在全世界范围都是个大难题。西方发达国家给出的方案，基本上是传统所有权向数据领域的平移，虽然能够有效保护用户的数据权益，却不利于更深层次地激发各方的数据价值创造。那么，怎样才能做到让价值创造的各方都能公平合理地参与收益分配？这是摆在政策制定者面前的难点问题。

"数据二十条"并没有回避这个复杂问题，而是创新性地提出了"三权分置"的数据产权制度框架，即"数据资源持有权、数据加工使用权、数据产品经营权"。这一思路将所有权的概念进行了"解耦"，放弃了"一权通吃"，改为

第6章 数业

"三权并立"，重点突出了权利人对数据要素的持有与使用，而非排他性的占有。由此，这将极大地促进数据要素的流通交易和重复再用，为全方位释放数据要素价值奠定了基础。

就制度创新而言，"三权分置"的思想很可能引爆一场数据价值创造的风暴。这纯属于"中国创造"，是在数据要素领域的一份"中国方案"，数业大幕就此拉开。

二

数业要想繁荣，就离不开数据要素的市场化流通。因此，有必要培育健康、有效的数据要素市场，强化数据要素的市场化配置，进一步提升数据资源的价值。

改革开放以来，我国围绕建设中国特色的市场经济进行了不懈的探索和努力。市场经济的体制机制改革，主要围绕"两个市场"进行：商品市场和要素市场。截至到20世纪90年代末，我国以价格为核心的商品市场改革已经基本完成。目前，我国的商品市场已经非常发达，社会消费品零售总额从1978年的1559亿元，增加到了2023年的47.1万亿元，增长了300倍还多。与此同时，土地、劳动力、资本、技术这四类生产要素的市场化改革也取得了长足进步，持续推动

蝶变5：打开数业时代新图景

我国经济20年来的繁荣增长。

与此同时，相对商品市场来讲，要素市场的发育要缓慢得多。土地市场的城乡差距还很大，流动性较弱；劳动力方面，还存在明显的城乡二元结构；资本市场上，民企与国企的待遇也是相差极大；技术方面，也存在知识产权保护不够，成果转化不力等现象。现在又加入了一个数据要素，让要素市场化改革变得更加迫切。这也是国家发布《关于构建更加完善的要素市场化配置体制机制的意见》这一文件的时代大背景。

数据作为新型生产要素，其既符合传统生产要素市场化的一般规律，也呈现出很多新特征，需要我们根植传统要素市场配置的经验沃土并力求创新。说到生产要素市场化，有几个关键词必须首先提到：一是"确权"，不能确权，就不能流通；二是"定价"，不能定价，就不能交易；三是"交易"，不能交易，就不能实现要素增值。在这三个关键词的指引下，我们先来看看传统生产要素是怎么市场化的。

先来看土地要素。第一个阶段是土地征收，由政府或者授权委托的企业进行征地、拆迁、安置、补偿，之后建设市政配套设施，达到"三通一平"（通水、通电、通路、平整场地）、"五通一平"（增加通信、通排水）甚至"七通一平"

（增加通气、通热）的建设条件，最后纳入土地储备库。第二个阶段是土地出让，政府把符合建设条件的土地，通过市场化定价机制，以"招拍挂"、协议出让等方式，将一定年限内的土地使用权出让给土地使用者。第三个阶段是商业开发，土地使用者经过开发建设，形成住宅、厂房、写字楼、商场等建筑，进入市场流通。

劳动力要素的市场化配置也要经过三个阶段：第一个阶段是教育和培训，将适龄劳动人口培养成具备就业条件的劳动力，并以职业技能证书等形式对其职业技能进行认定；第二个阶段是通过劳动力市场对技能价值进行评估认定，形成合理的薪酬水平，这就完成了劳动力的市场化价值认定；第三个阶段是劳动力进入生产单位进行价值创造，从而将劳动力要素融入社会化分工体系之中。

资本要素也大致分为三个阶段：一是银行通过揽储的方式实现资金归集，二是金融机构开发各种金融产品并向社会销售，三是资金进入生产单位后用来购买生产资料，加工、投产、销售，并实现资金回笼。

技术要素则是先进行知识创新和积累，之后申请知识产权保护，完成确权，最后进行成果转化，进而融入市场经济大循环。

蝶变5：打开数业时代新图景

总结以上四种传统生产要素的市场化配置思路可以归纳出，一项生产要素的市场化配置一般会经历三个过程：确权、定价、交易。由此，要素市场的建设也必须服务于这三个关键环节——能对要素确权，能对要素定价，能对要素交易。

数据要素市场的建设，自然也要符合上述基本要求。但除此之外，数据要素还有一些自身的特点，表现在：数据资源比较分散，数据流通的安全风险高，数据价值的后验特征明显。首先，资源分散意味着数据资源的归集相比其他四种要素要困难很多，并且难以实现"三通一平"；其次，数据涉及隐私和商业秘密甚至国家秘密，具有很强的敏感性，而且数据具有非排他性使用的特点，可以低成本无限复制，很容易在流通中出现隐私泄露、遭受黑客攻击等风险；最后，数据的价值存在很强的场景依赖性。同样的数据，对有的人来讲价值连城，对另外的人来讲可能一文不值。更重要的是，数据只有被应用后才能确认其真实价值，所以对其进行评估和定价都非常难。这是数据要素市场建设面临的"三大难题"。

2015年4月，全国首个大数据交易所——贵阳大数据交易所正式挂牌成立。随后，各地的数据交易所或交易中心也都有涌现，但很快因为各种原因陷入困境，一度处于停滞状态。2020年，《关于构建更加完善的要素市场化配置体制机制的意见》文件发布后，北方大数据交易所、上海大数据交易所、西部数据交易中心等11家交易机构密集启动建设并投入运营。2022年底，"数据二十条"发布后，又一次引发了各界关注。据不完全统计，截至2023年6月底，由政府发起、主导或者批复的数据交易所已经达到44家，正式运营的有15家，头部数据交易所的交易规模已经达到亿元至十亿元的量级，呈现出爆发式增长态势。

目前，多地已经就数据确权登记、数据资产入表、数据资产评估、数据资产入股、数据资产信贷、数据资产信托等数业模式展开探索，数据商（或称数商）已经成为重要的数业参与方。

三

数据要素要完成市场化配置，前提是对数据资源进行归集。一般来讲，政府、企业、个人是数据资源的三大拥有者，其中政府掌握大量公共数据，企业拥有丰富的商业数据，个人也生产和持有大量个人数据。在数字经济的背景下，政府掌握的公共数据需要开放共享，个人数据则需要在隐私保护的前提下授权使用。最终，政府和个人这两类数据资源持有者都要赋能于经济价值创造的重要主体——企业，企业才能将数据要素融入经济价值创造，产生收入后带来税收，形成新的财政收入来源，完成闭环循环。

除了政府的公共数据授权给企业使用，可以直接带来价值创造机会，几乎每家企业自身在经营过程中，也都生成并持有了大量的数据资源，但这些数据资源在过去并没有很好地体现在财务报表上。企业围绕数据资源的生产和采集而产生的投入和费用支出，大部分会列入企业费用项目，有些则列为待摊成本，这样的处理方式对财务报告的影响很大。如果按照原来的会计准则处理，数据的投入和形成的收益会严重不匹配。因为在原有的准则中，针对数据要素并没有体现资产的概念，数据相关的费用很大一部分都计入了期间费用，直接影响了企业的当期收益，侵蚀当期利润。如果数据要素资产化，那么支出就由损益变成了资产类，可以计入资产，这样就会改善资产负债表，减少了投入期对利润的影响。

假设一个场景：蝶变公司计划收集自动驾驶数据，最终形成了有关自动驾驶的数据库，收集和加工这些数据需要投

第 6 章 数业

入100万资金。若按照之前的会计准则,这100万元的支出会首先进入期间费用,假设发生在2023年10月,那么蝶变公司这个月份的本期营业利润就会减少100万元。

如果将这个自动驾驶数据库视为资产,也就意味着这个数据库未来可以用于企业对所有需求方提供的数据服务,那么现在就可以把这个数据库确认为蝶变公司的无形资产,不会影响本期的利润表。假设这个数据库的使用年限为5年,支出的100万成本按照5年摊销,则未来5年每年会减少利润20万。

上述场景就是"数据资产化"对企业会计处理上的最大变化。这也是2023年8月21日财政部发布《企业数据资源相关会计处理暂行规定》这一文件的大背景。

当然,一旦将数据确认为资产,就必须满足会计准则中关于资产的定义——资产必须是企业持有或者控制的。假如数据资源是从政府免费获得的,只要企业对这些数据资源进行了衍生性开发,形成了自己的数据产品,那么这一类自我加工形成的有价值的数据产品也满足资产的定义,也可以算作企业的无形资产。基于此,我们就需要扩充传统会计准则当中有关无形资产的范围,在"无形资产"项目下增设"其中:数据资源"项目,以反映资产负债表日确认为无形资产

蝶变 5：打开数业时代新图景

的数据资源的期末账面价值。同时，在"开发支出"项目下增设"其中：数据资源"项目，以反映资产负债表日正在进行数据资源研究开发项目满足资本化条件的支出金额。针对企业日常活动持有的、最终目的是用于出售的数据资源，符合准则定义的情况下应当确认为存货，在"存货"项目下增设"其中：数据资源"项目，以反映资产负债表日确认为存货的数据资源的期末账面价值。

《企业数据资源相关会计处理暂行规定》已于2024年1月1日起正式施行，这被认为是继"数据二十条"之后我国又一个里程碑式的创新文件，对数据资源的计量提出了完整、清晰的路径和方法，为相关行业和企业提供了统一的"数据入表"规则。一方面，它让企业的资产规模"凭空增厚"，壮大了企业的资产实力；另一方面，它也提高了企业数据资产的透明度，有利于政府加强对企业数据资源的统筹和管理，为政府监管部门完善数据治理奠定了基础，宏观调控也有了新的抓手。

接下来，既然数据入表了，那么数据就完成了资产化的过程，传统资产能做的事情，数据资产几乎也可以做了。例如，传统资产可以用来投资，数据资产也可以，所以以数据资产入股没有问题；传统资产可以抵押贷款，数据资产也可

第6章 数业

以，所以用数据资产来融资不成问题；传统资产可以产生各种金融衍生品，数据资产当然也不在话下。但有一点，所有这些资产的处置和交易，都会产生资金流动，而交易和资金流动就会触发税收，就会为政府财政增加了税源。这是一盘大棋！

根据申万宏源证券公司的测算，在相应假设条件下，全行业1%的数据仅一次交易，就可以直接带来超过150亿的净利润，制造业、零售业、金融业因为拥有大量数据资源而排名靠前。东吴证券认为，数据资产市场潜在的总规模达数十万亿，这个领域产生的税收规模将有可能媲美土地财政。兜兜转转，实质上是政府完成了从"土地财政"向"数据财政"的转型。有理由相信，过不了多久，国家数据局就会变成正部级单位"数据资源部"，与"自然资源部"并列。

数据最终是否会像土地那样变成全民所有还未可知，但有一点很明显，不能全民统筹，数据领域就无法实现"共同富裕"。由此，强调"持有权"而非"所有权"是符合国情的，也是留下了空间的。

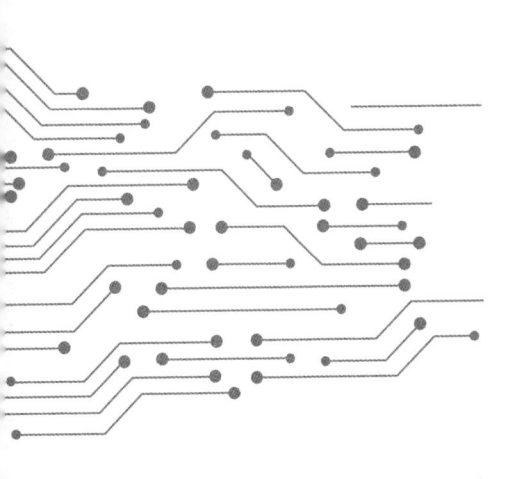

第 3 篇
数之化

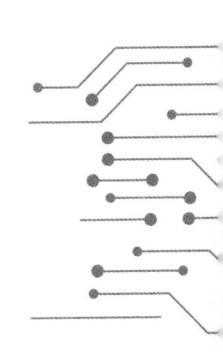

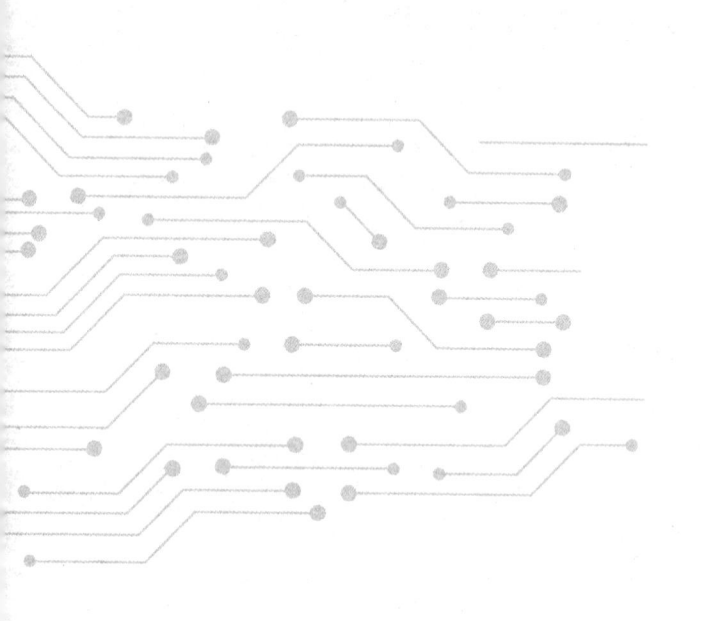

》

著名企业史学家小艾尔弗雷德·D.钱德勒（Alfred D. Chandler Jr.）在其《看得见的手——美国企业的管理革命》（*The Visible Hand: The Managerial Revolution in American Business*）一书中，活灵活现地刻画了一位美国19世纪初的商人形象：

早晨很早起床，用过早餐，到城里商业区公司的账房，拆阅信件——外出到海关、银行或别的地方办些事情，一直到十二点，然后到迪尔摩尼哥饭店吃午餐并喝一杯酒；或是到唐宁的馆子吃些生蚝；签发支票，处理一下财务问题，直到下午一点半；到证券交易所；回账房，一直待到晚饭时间。在过去还实行"夜晚营业"的时代，那就留在商业区，直到十点或

蝶变5：打开数业时代新图景

十一点，然后回家，上床睡觉。[1]

那个时候的"账房"，其实就是商人的办公室。那个时候的商人，基本上都是老板直接参与经营，也就是企业所有者与管理者角色合二为一，还没有分工。从钱德勒的描述中我们可以看出，100多年前的商人在经营企业过程中，就已经离不开"数据"了——在一天中的上下午时段，商人最主要的工作场所是"账房"，打交道最多是信件、账本、支票、证券交易等，这些都是数据的载体或表达方式。从这个意义上讲，没有数据的应用，就没有商业。现代如此，过去也是（如波斯商人与数字的应用），未来当然更是如此。数据与商业原本就是鱼水关系，数据是水，商业是鱼。

19世纪50年代以后，随着商业的进一步发展，工商企业的规模越来越大，以至于老板们即便再努力，也无法亲自处理完那些堆积如山

---

[1]　［美］小艾尔弗雷德·D.钱德勒，《看得见的手——美国企业的管理革命》，重武译，商务印书馆2004年版.

的数据了。因此，他们需要专门聘请一些人员，来完成数据收集和数据处理的事情，老板们的时间只够用来阅读"结果性数据"了。这种情况代表性的领域，是美国的铁路公司。作为现代工商企业的先驱，铁路因为分布广泛，运行可靠性的要求很高，对传统管理方式提出的挑战最大。其中，一个核心问题是，如何才能让各个站点之间进行精细化协同，形成科学、合理的列车时刻表，并不断将列车实际到达时刻与预计到达时刻之间进行对比和优化。这就需要广泛且大量的数据收集，并对这些数据进行及时的计算处理。由此，铁路公司开始雇用一类特殊人员，这些人员并不贡献体力劳动，而是负责收集各方面的数据、形成报表，并与其他同类人员进行协同，以保证列车正常运行——这类人员被钱德勒称为"支薪经理"。这也是当代职业经理人角色的前身。这些铁路经理人员整理的数据报表不断迭代，逐渐发展出了近代会计制度的所有基本方法，最终变成了现代会计学的前身。

蝶变5：打开数业时代新图景

观察近150年来的企业和管理进化，可以得出的一个十分明显的结论：数据在150年来的商业进程中从未淡化其存在，相反，数据与商业的融合程度只会越来越深。关于数据的应用，我们只是不断改进了数据的采集、处理、应用的方式和手段，但关于数据与商业融为一体这一本质特征，150年来从未被动摇过。可以说数据即商业，商业即数据。

如今，以互联网为代表的数字技术方兴未艾，大数据、人工智能、区块链等加速与实体经济融合，这让人们重新认识到了数据的独特价值，纷纷发起所谓的"数字化转型"。但我想提醒大家的是，商业从一开始就是数字化的，没有数字就没有商业。我们这一轮并不是从"非数字化"向"数字化"转型，而是让原本就数字化的企业，转载到更先进的数字技术平台或系统之上，以便于更好地分析利用和挖掘释放数据价值。

明晰了这个概念之后，就会知道，我们接下来要讨论的内容跟当今热议的"数字化转型"

没有任何关系。我们唯一要思考和厘清的是，在当前情况下，数据与商业的融合方式发生了什么变化，呈现出了什么样的特点，这些特点将会启发哪些潜在的商业价值？这些问题将直接作用于商业在两个根本维度——空间维度和时间维度——上的延展，这两个维度的尺度变换，造就了商业的千姿百态和管理的奇思妙想。

第 7 章　精通

一

世界范围内,做到国际化、多元化发展并将公司寿命延伸到百年以上的成功典范,GE 肯定能算一家。如果从其前身爱迪生电灯公司成立(1878 年)算起,GE 已经整整走过了 145 年的时间,创造了在道琼斯工业平均指数中存在时间最长的纪录。这家公司的业务涵盖发电、照明、医疗、航空、交通、油气、可再生能源和金融等八大板块,成功穿越各个技术和经济周期的战略和管理思想,长期以来都是全世界的学习标杆。更重要的是,GE 还是工业领域最早深情拥抱数据时代的企业。

2001 年,杰夫·伊梅尔特(Jeffrey R. Immelt)从 GE 著

蝶变5：打开数业时代新图景

名CEO杰克·韦尔奇（Jack Welch）手中接过通用电气的权杖之后，继续大力推进"产业+金融"的双轮发展战略。但2008年金融危机的爆发让GE遭受重创，伊梅尔特开始反思公司从注重研发到金融业务服务导向所带来的不良后果。他认为，以金融为核心的多元化发展战略会导致业务失控，很多业务距离GE的核心业务太远，这就决定了公司如果不转型，就很难适应未来的挑战。与此同时，伊梅尔特还观察到了另外一个现象：硅谷的明星企业基本上没有受到金融危机的影响，相反，在全球经济大萧条的环境下，它们依然保持了强劲的增长势头。

搞清楚了自身的问题，也找到了学习的标杆，伊梅尔特于2012年夏天将公司200多名管理者召集到了GE位于纽约郊外的企业大学——GE克劳顿管理学院（The Crotonville Leadership Institute）[1]，让他们与自己一起聆听《精益创业》

---

[1] GE克劳顿管理学院创办于1954年，是全球第一所企业大学，旨在启迪、联结和发展GE的今日精英和明日之星。迄今为止，从这所企业大学走出并跻身财富500强公司CEO的人数，已经多达150多人。正因如此，克劳顿管理学院被《财富》杂志誉为"美国企业界的哈佛"。

第 7 章 精通

(*The Lean Startup*)一书作者埃里克·莱斯(Eric Ries)[1]的演讲。这次讲座给了 GE 管理层巨大的理念冲击,大家普遍认识到,如果与反应迅速的硅谷创业公司进行竞争的话,GE 现行的运营体系是不可能有胜算的。这次"洗脑"之旅,让伊梅尔特下定决心要让 GE"硅谷化"。其典型的举措是,在当年 11 月制定出了 GE 自己的精益创业方法论"快速项目"(Fast Works):聘请埃里克·莱斯为 GE 的管理顾问,在公司内部挑选了 100 个试点项目进行实践,持续对管理者进行"快速项目"方法论的培训,时间不少于 1000 小时,并培养了 80 名内训师,在全公司推行"硅谷化"。

2012 年 12 月,在旧金山举办的"当智慧遇上机器"(Minds+Machines)发布会上,伊梅尔特首次提出了"工业互联网"的概念,并阐述"工业互联网的威力在于 1%"的理念。他说,在电力、石油、燃气、航空、医疗、铁路等大型工业领域,哪怕效率提升 1%,都会收获巨大的利益。例

---

[1] 埃里克·莱斯是 IMUV 联合创始人及 CTO,哈佛商学院驻校企业家,其提出的"精益创业"理念被《纽约时报》《华尔街日报》《哈佛商业评论》等多家媒体广泛报道。他还为很多创业公司、大型企业和风险投资公司提供商业及产品战略方面的咨询服务。了解其精益创业理念,可参阅:[美]埃里克·莱斯,《精益创业》,吴彤译,中信出版社 2012 年版.

蝶变 5：打开数业时代新图景

如，商用航空的燃油效率提升 1%，15 年间累计会提升 300 亿美元的利润。为了获得这宝贵的"1% 之力"，工业界需要利用数据来改善工业机械的运行效率。工业生产需要依赖大量的机器设备，但任何孤立的机器设备的性能都有一定的物理极限。如果能够将各种机器设备纳入一个高效协同的数据网络，让机器之间具备数据交换能力，那么就能在整体上优化运营效率。这相当于把每台机器看成是一个脑细胞，无数脑细胞之间的复杂交互，将会赋予大脑以强大的智能。

为此，GE 投入数十亿美元大力发展"工业互联网"：一方面做大联网节点数，利用传感器将遍布全球的航空发动机、大型医疗设备等全部纳入同一个网络；另一方面构建云端数据分析系统，对各个网络节点传送的海量工业数据进行深度分析和决策，这套软件体系就是大名鼎鼎的"Predix"。Predix 平台提供了一个模型目录，将 GE 和合作伙伴开发的各类模型以 API 的方式发布出来，并提供测试数据，让使用者可以站在巨人的肩膀上，利用现有的模型进行模型开发和训练，快速实现落地部署。用户开发的模型也可以发布在这个模型目录中，被更多的客户共享使用。除此之外，GE 还提供超过 300 多个自有的资产和流程模型，这些模型都是与 GE 旗下各个产品紧密相关的，方便客户或者合作伙伴快速

第 7 章 精通

构建数字孪生体（Digital Twin）。

2015 年，GE 成立了 GE 数字集团（GE Digital），专门负责数字化转型战略，同时宣布将 Predix 全面对外开放，成为面向全球工业领域的物联网平台。至此，GE 完成了三步走战略，从"GE for GE"到"GE for Customers"，再到"GE for World"。随后，工业互联网大潮以不可抵挡之势席卷全球，Predix 成为全球制造业效仿的标杆。中国许多制造企业，如海尔、三一重工等，也推出了自己的工业互联网平台。如今，工业互联网已经在中国遍地开花，两化融合深度挺进。

当然，GE 数字集团的激进布局也带来了很多问题。在 Predix 高调问世的同时，GE 公司的营收和利润增长却出现了停滞，一直在烧钱的数字集团迟迟未能实现盈利，伊梅尔特的战略开始广受质疑。2018 年，业界屡屡传出 GE 将卖掉数字集团的传闻，这一令人沮丧的消息甚至影响了全球对工业互联网发展的信心。似乎，"索洛悖论"又一次在 GE 身上得到了验证。

2021 年 11 月 8 日，GE 官网声明，GE 被拆分为三家独立公司，分别专注于航空、医疗和能源。这标志着，这家百年工业巨头彻底走向分裂。而 GE 数字集团的命运再一次反

蝶变5：打开数业时代新图景

转，其未来或许会在以能源为核心业务的新公司里承担数字化转型重任。针对GE工业互联网的波折命运，很多分析人士发出了唏嘘感慨。但我要说的是，这何尝不是GE数字集团最好的去处？毕竟数据未必非得业务化，业务数据化不是一种更大的胜利吗？如今，奔腾在全球各地的GE航空发动机，已然都被数据所"浸透"了。

二

GE的工业互联网战略，实质是利用数据能量收获工业领域可贵的"1%之力"，由此提升了整体运营绩效。然而，想要获得这"1%之力"却并非易事，至少需要做到如下四个要点：

其一，必须充分理解数据的重要性。GE最初的互联网平台搭建始于物联网传感器的部署，从而让收集数据成为可能。离开了数据的有效归集，工业互联网后续的所有战略步骤就无法展开。需要提醒的是，传感器瞄准的是"自动化数据归集"，这跟过去的手动数据采集和归档有着本质不同，也是大数据的特征之一：大数据必须是"活"数据，倘若数据不是"活"的，数量再多都不能称为"大数据"。所以，

第 7 章　精通

物联网传感器的存在让大数据的产生成为可能，也为后续激发数据价值奠定了基础。

其二，数据能量的驾驭必须创建"最小成功模型"，也就是在一个有边界的范畴内做到可见的成功。GE 的最小成功模型诞生于飞机发动机的检修。在过去，飞机发动机生产完毕，被安装到飞机上并投入运行后，GE 跟自己的产品就"失联"了。虽然 GE 也会进行周期性的保养和检测，甚至会为所有发动机建立产品档案，但这些数据沉淀基本上是"后验的"，所积累的数据要么只能作用于未来的发动机生产和研发，要么只能作为这台发动机发生故障时的原因回溯。

上述两个方面的作用，都不能解决这台正在运行的发动机的"未来即时问题"。什么叫"未来即时问题"？就是一台正在运行的机器设备，在很短的未来即将发生故障的预测问题。想要解决这类问题，就必须依赖大数据。因为，"活的"大数据的一个重要作用，就是能够对未来即时问题做出"稍微提前"的预判，这就为提前干预提供了宝贵的时间窗口。至此，GE 在全球范围内率先在飞机发动机产品上建立起了"数据标杆"。所以，倘若没有最小成功模型的存在，则组织内部很难建立起数据信心。此外，这个最小成功模型还必须要能让大家看到"可见的成功"。

蝶变 5：打开数业时代新图景

其三，数据能量的释放是个渐进的过程，不能一蹴而就。GE 的工业互联网之旅，充分印证了这一点：正是因为在飞机发动机产品上让团队看到了数据的威力，GE 才有信心将数据理念向其他产品推广，实现数据能量在更多产品线的释放；正是因为在多条产品线上实现了突破，才能编制出数据能量的经纬线，然后才能让基于产品的数据运营，与基于管理或者职能的数据运营实现更高维度的融合，达到组织层面的"数据破茧"；正是因为有了组织层面的全方位数据孪生，才能形成一个基于数据的平台 GE 数字，这个平台的搭建让现实经营与虚拟经营做到了"两栖生存"，GE 既存在于现实空间，也存在于数字空间，二者数实双生；正是因为有了平台级的数实双生，才能面向生态进行赋能（GE for World），将合作伙伴甚至竞争对手都纳入整个生态。从这个意义上来讲，数据要素融入企业经营的过程，在工业领域也遵循"升维逻辑"，即"点—线—面—体"的升维进化[1]，而不是一次性的飞跃或者"革命"。这需要的是耐心培育，而不是喊口号式的大干快上。

---

[1] 关于"升维进化"，可参阅拙著：杨学成，《蝶变：数字商业进化之道》，北京联合出版社 2020 年版．

第 7 章 精通

其四,数字化是个进化过程,不以成败论英雄。考虑到"索洛悖论"在组织层面的存在,我们不能按照当期的数字化收入来评价一家企业数字化战略的成败。一个非常普遍的现象是,企业家顺其自然地会用传统的财务模型来衡量自身数字化项目的成功或者失败——认为数字化项目给企业带来了收入增长或者节约了成本就是成功,反之则是失败——这两种想法都是错误的。极端来讲,数字化跟数字系统没有直接关系,后者只是加快数据要素融入经营管理的一种手段而已,其投入产出无法用来衡量数字化的成败。

鉴于数据与经营管理之间的双生关系,以及数字化作用显现的滞后性,我建议可以采用"含数量"指标来观测并驱动数字化进程。所谓含数量,就是某个或某类产品的研发、生产、销售与管理过程中"比特换原子"的比例。可以想象一座矗立在海水中的冰山,最终冰山是要融化为海水的,那么现在我们融化了百分之多少,就是含数量多少。GE 的工业互联网战略一度受到自身内部和外界的诸多质疑,甚至其数字化集团差一点被卖掉。但我不认为这是 GE 数字化战略的失败,反而可能是一种成功,毕竟有了 GE 数字以后,含数量指标抬升了太多。甚至可以说,如果有一天 GE 真的不再需要 GE 数字(并非卖掉)了,那么 GE 的数字化进程就真的成功了。

总结以上四点，我们大致可以归纳出大型制造工业数字化进程的一般步骤：建立数据能量的理念，推动构建最小成功模型，引导数据能量在组织内外按照点—线—面—体逐步升维进化，建立含数量这样的指标来衡量和驱动这一进化过程（同时，将传统的财务指标作为约束条件）。

接下来的问题是，怎么理解数据在商业中的价值呢？如何推动构建最小成功模型呢？点—线—面—体如何升维？含数量指标怎么嵌入？回答这些问题的基本前提是，要对数据在商业领域中的作用有正确的认知。在我看来，数据最重要的作用在于"致广大而尽精微"，"致广大"指空间上无远弗届，是为"通"；"尽精微"指时间上源远流长，是为"精"。两者合二为一，就是"精通"。

三

著名经济学家约瑟夫·熊彼特（Joseph Schumpeter）指出，创新就是生产函数的变动，是由于技术的应用而导致的生产要素和生产条件的重新组合。它包括获得原材料或半成品的新的供应来源；创造一种新的产品；引入一种新的生产

第7章 精通

方法；开辟一个新的市场；实现一种新的工业组织形式五种情况。它们可以概括为：投入创新、产品创新、工艺创新、市场创新和组织创新。数据成为新的生产要素，相比传统生产要素，其表现出了很强的放大、增强、叠加效应，势必会深刻改变传统的生产经营方式。

其一，投入创新。数据对生产函数来讲是一种新的投入，且随着数据量的爆发式增长，生产要素组合中的"含数量"只会越来越高。例如，字节跳动旗下的"今日头条"和"抖音"这两大应用，就是将数据要素作为投入品实现了创新。用户下载今日头条 App，实际上是下载了一套智能推荐算法；用户打开今日头条，就相当于激活了这套算法。之后，这套算法会循环往复地做三个动作：推荐，观察，优化；再推荐，再观察，再优化……推荐是指推荐新闻内容，观察是指观察用户怎样阅读推荐的内容，优化是根据观察的结果，对这个用户的标签库进行更新和优化。然后，根据优化后的标签库进行新一轮的推荐、观察、优化……如此往复。这样一个循环过程，不断激发出数据的能量并获得更多的数据。这些数据既可以帮助平台进一步优化算法，又能够实现对用户的精准画像，还能够给内容创作者提供数据报告和策略指引。由此，数据作为一种新的投入品，创新了内容产业的传统生产函数。

其二，产品创新。传统上，产品是一种"制成品"，是一系列生产工艺和加工流程的终点，在其投入市场后，产品的形态和属性就不再发生改变了。然而，数据要素的加入，让产品的原有形态焕发出了全新的可能性：一方面，数据内嵌到物理产品之后，让原本"僵硬"的产品"活"了起来，例如智能家电、自动驾驶汽车、智能腕表等"数实双生型"产品；另一方面，数据本身就能单纯以比特形式成为产品，即"数字产品"，一般以App、小程序、网页等方式存在，这类产品本无定形，可实时编辑加工、优化迭代，已经成为商品市场的重要组成部分。这两方面"含数"产品的出现，既改变了物理产品的形态和使用方式，也模糊了产品类别的边界，是谓产品创新。

其三，工艺创新。传统生产方式主要依赖工业流水线，遵循的是大规模、标准化、低成本的基本逻辑。在工业流水线上，人是机器的附庸——普通工人只向流水线提供体力支撑，很少提供脑力智慧。这是一种少数人设计研发、多数人机械执行的生产方式。但数据要素进入生产工艺之后，开始扮演起产线指挥官的角色。通过无处不在的传感器和工业软件，数据对整条生产线实现了贯通，重塑了人与人、人与机器、机器与机器之间的协同方式，不但为企业决策者提供了丰富的数据支撑，而且能让生产线上的每一名普通工人共享整条生产线的"全景图"。此外，数据可以轻易"破壁"，协调生产环节与上下游的联动关系，让生产工艺摆脱过去的机械式生产，转而可以依据客户需求进行弹性响应，实现大规模定制，并缩短生产周期、降低库存成本。

其四，市场创新。这指的是开辟一个全新的市场，或进入一个过去难以涉足的市场。数据"致广大而尽精微"的特征，其实十分有利于市场创新。首先，数据能量的送达不受传统地理空间的束缚，因此数据企业可以通过网络平台将自己的产品送达全球任何一名用户手里，从而将空间上分散的需求归集起来，达到规模经济；其次，借助数据，企业更容易将商品进行"空间交换"。例如，过去的商品主要在城市里消费，农产品则主要在农村市场消费，但现在通过数据赋能，实现了大范围的双向交换——市民可以很方便地选购农产品，农民也能在村里"买遍全球"。类似于"村BA""村超"这样的新潮流，正在借助数字化平台，让城市和农村之间的市场鸿沟快速弥合；最后，数据还能帮助从业者实现"市场精分"，满足极度个性化的需求，创造出大量的"长尾市场"。

蝶变5：打开数业时代新图景

其五，组织创新。传统的工业组织以分工为合作的前提，分工产生效率，合作产生效能，"让专业的人做专业的事"是传统组织体系的核心法则。但在数据赋能的情况下，我们屡屡感叹"高手在民间""乱拳打死老师傅"，说明过去"隔行如隔山"的说法现在越来越站不住脚了。以数据为载体的技能和专业知识的流动显然速度更快，智能算法的应用更是进一步消解了技能和专业知识的不对等，由此，组织形态不可避免地会走向平台化。

应该说，数字技术最重要的组织创新，就是平台型组织的崛起。这种平台型组织去除了传统组织的"隔热墙"和"中间商"，让组织成员直接面向用户需求，以适应市场的快速变化。更进一步，组织本身的演化速度也在加快，在数据赋能之下，各种各样的自组织形态、分布式组织、小微组织、合弄制组织等新生形态正在不断涌现。

总而言之，熊彼特老先生的思想直到现在也不过时，数据要素过去已经、现在正在、未来还会改变生产函数，带来全方位的创新。

第 7 章　精通

四

下面，让我们一起来领略一下"百廿青啤"的数据精通之旅。

啤酒不同于白酒，它对保鲜的要求较高，同时单价便宜，长距离运输成本高昂，导致啤酒行业长期以来都是"本地产业"。一个品牌要想做大市场，要么到想要进入的市场区域自己建厂，要么收购当地的啤酒品牌进行改造。

20 世纪 90 年代初，青岛啤酒开始通过收购的方式进行扩张。1994 年收购扬州啤酒厂，20 世纪 90 年代中期收购了汉斯啤酒、汉中啤酒、渭南啤酒，1999 年又大举收购山东省内的蓬莱、萃岛等啤酒品牌，次年收购了崂山啤酒、嘉士伯旗下的上海嘉酿啤酒，2003 年收购宝鸡啤酒，以及趵突泉、活力、淄博绿兰莎、烟台啤酒、银麦、三得利、嘉禾等啤酒品牌。据不完全统计，仅 1996 年到 2001 年的五年时间里，青岛啤酒就并购了 47 家啤酒企业。

时间来到 2013 年，随着人口红利期的消退，中国啤酒行业开始从顶峰跌落，啤酒销量连年下滑，市场整体陷入困顿期，过去的增量争夺变成了存量博弈。在日趋激烈的竞争环境下，大量啤酒企业开始将目光转向寻求数字化能量，以

蝶变5：打开数业时代新图景

重塑自身的价值创造逻辑。例如，全球最大的啤酒集团百威英博上线了智慧化溯源技术，开始在生产经营的全过程引入数据生产要素。我国的华润雪花也打造了数字化的全产业链追溯系统，创新性地采用"一罐双码"的方式来精细化管理渠道体系。

2023年10月14日，当走进位于山东省平度市的"青岛啤酒智慧产业园"并进入生产现场参观的时候，我的直观感受是，在数据赋能的生产线上，青啤这家拥有120年历史的老牌企业，正勃发出强劲的生机和活力。

青啤的数据精通之旅，是从解决"验酒"这个行业痛点开始的。过去，验酒这个工序是由人工完成的，验酒人员需要全神贯注地盯着每一瓶下线的啤酒，既费神又费力，而且差错率很高。为了破解这个"验酒难题"，青啤联合人工智能、大数据、自动化领域的多家企业和科研人员，开发出了专门用于啤酒生产线的识别成像技术，可以在每秒生产60瓶啤酒的高速生产线上准确无误地识别缺陷啤酒，大大节省了人工、提高了准确率。"验酒难题"的解决，是青啤利用数据做到的第一阶段的"精通"——精确识别，一瓶不落。

接下来，青啤开始着手让数据贯通整个生产过程和物流体系，实现端到端的全流程数据驱动。每一瓶青岛啤酒，

第 7 章 精通

都被贴上了属于自己的二维码"身份证",以二维码承载的"数据包",贯穿了从原材料供应到酿造,再到物流终端的全过程,打通了制罐供应商、啤酒厂、分拣作业等上下游产业链。这样一来,只要客户的订单完成确认,上游制罐供应商就可以用高清数码印刷设备把图案和二维码印在罐体上,发到啤酒厂验收入库,之后啤酒厂进行灌装生产,对成品啤酒进行智能分拣,生成物流码并传送给物流公司,最后物流公司根据物流码将啤酒送到消费者手里,形成了数据驱动的闭环。这种端到端的数据精通,不但实现了生产制造的柔性化,而且可以对生产资源进行全过程、精细化的自动跟踪核算,消费者也可以对啤酒进行溯源,做到了品质保障。

更重要的是,对数据的精通为青啤构建起了大量的衍生优势:其一,全方位、全过程的数据积累,可以帮助青啤进行生产质量的严格把控。青啤基于大数据分析研发出的"啤酒风味图谱技术",能做到让每一瓶啤酒的特征和口味都无限接近。其二,啤酒生产创生数据,数据反过来指导生产。过去需要人工操作的生产调度和排产,现在下达任务以后,系统可以自动完成原材料与酒液的匹配,大大提高了效率。其三,数据驱动改变了生产的组织方式。青啤有 30 个省级业务单位、60 多家工厂、150 多条产线,其

蝶变 5：打开数业时代新图景

销售终端覆盖 400 多个城市，要调度如此复杂的体系非常困难，而且效率低下。智能排产系统可以打破地域限制，形成科学合理的排产方案，做到生产布局最优、系统成本最低、运营效率最高。其四，借助数据，青啤更好地发挥了"链主"企业的威力，不但带动了供应商的数字化发展，也带动了供应商生产组织形式的改变。例如，制罐供应商奥瑞金为了配合青啤的数字化创新，也已经开始开发数字化生产线，并与青啤的平台联通。这一步，青啤实现了数据在平台主体间的全方位精通。

青啤的这种"内生式数据精通"，最终指向的是用户体验的提升。青啤推出的线上定制平台，开创了"定制啤酒"的先河。消费端的个性化需求，必须依赖生产端的柔性和高效。在端到端智能制造平台的赋能下，青啤的工厂单日最多可实现 20 多个品种产品的快速生产，效率提升 30%，定制啤酒的交货周期已经从过去的 45 天，缩短到了现在的 15～20 天，个性化定制的最小订单，也由 3000 箱降低到了现在的 15 箱。由此，生产与消费的两大阵营也被数据精通了。

从解决痛点问题到端到端贯通，再到平台化协同，最后实现生产与消费的生态级耦合——青啤的这个过程完美演绎了点—线—面—体的升维过程。2021 年 3 月，世界经济论坛公布了全球灯塔工厂的最新名单,青岛啤酒是全球啤酒饮料行业里首家入选的,标志着青啤已经跻身全球最先进工厂的行列。这一成绩,是数据精通的必然结果。

五

GE 和青啤的案例,生动地说明了数据在生产经营中"致广大而尽精微"的独特作用,在时间纵向上"精",空间横向上"通",让每一名参与经营的人员都能"精通"所负责的事项。不过,要做到这一点并不是简单的事情。

困难一:数据收集难。虽然大多数企业都已经或多或少上线了信息系统,一些业务流程也已经实现了在线化处理,但及时归集数据的意识还比较薄弱,员工大多只关注数据对自己当下业务操作的帮助,却很少关注如何挖掘数据未来的潜在价值。困难的是,研、产、供、销、服各个环节的数据,往往分布在不同的设备、终端和软件系统中,数据源的分散再加上数据接口和协议的异构,导致大量数据"石沉大海"。此外,在大多数制造业中,信息系统(IT)和工控系统(OT)分居不同的物理网络,且工控系统跟大量的设备和机器关联,导致这两大系统之间的数据严重割裂，进一步增加了数据归集的难度。亚马逊云科技发布的《打造智联工厂新时代》报告显示，39%的制造企业没有定期收集数据。

困难二：数据本身并不"精通"。随着多源、异构的数据越来越多，不同类型的数据之间形成了各自为政的"数据烟囱"——各点各的火，各扇各的风，各冒各的烟，横向上很难拉通。另一方面，不同来源的数据品质也良莠不齐，时间序列上更是存在大量缺值、空白以及失真，数据的可用性受限。这种"纵向不精确，横向不联通"的局面，给企业的数据治理带来了很大挑战，即便收集了大量数据，但"可用数据"并不多。

困难三：数据不安全。一方面，企业内部的数据安全意识不高，很多企业的数据收集和使用都很随意，没有建立起数据安全治理的机制和保障措施。另一方面，外部的威胁和风险很高，数据通常与业务和管理活动以及商业秘密紧密融合，数据泄露造成的后果极其严重，企业时不时面临被不法黑客敲诈勒索的危险。据佛瑞斯特研究院的统计显示，全球63%的企业在2021年当中遭遇过至少一次数据泄露。

针对上述困难，企业想要融入数据能量，实现数据驱动的经营管理，必须做好如下事情：

第 7 章 精通

首先,要学会"点石成金"。商业经营始终受到投入产出法则的约束,数据能量的引入在最开始阶段很难见到全局性的效能,需要一个循序渐进的过程,这就需要企业精心选择一个或者多个领域率先进行"数据浸入",而不是全面推动数字化进程。就像 GE 选择优先对航空发动机进行数字孪生、青啤率先用数字技术解决"验酒难题"那样,企业需要为数据融入经营找到边界清晰的切口,并推动形成肉眼可见的绩效提升,塑造出"最小成功模型"。这样的切口虽然范围很小,但容易形成示范,让人们提前见识到数据能量的威力,为下一步的扩展奠定了基础。

其次,要做到"步步为营"。最小成功模型的实现,并不意味着可以不假思索地将这一模型全方位复制、推广。只有基于最小成功模型构建起"数字化蓝图",才能为大范围的数据能量释放做好准备。这张蓝图的绘制,需要构建数据资产目录、创建数据标准、形成数据模型。其中,数据资产目录将帮助企业时刻了解数据相关的关键资源,相当于在传统的财务三张表之外创建"第四张表",可称之为"数据资产负债表",让企业一目了然地掌握数据资产的所有投入产出情况;数据标准是为数据共享和价值共创做好铺垫,可以通过编制数据字典的方式对数据进行清晰定义,消除歧义,

蝶变 5：打开数业时代新图景

让所有存储的数据都成为"可用的数据"，支撑起数据的高效利用；数据模型是实际业务或管理环节的"数字化镜像"，是对运营流程和交互规则的数字化表达，有利于管理决策和经营流程的自动化执行。以上所有工作叠加到一起，就能绘制出可视化的数字化蓝图，实现海量数据的全景视图，借助"尺度伸缩"就能调用不同颗粒度的数据。

再次，要做到"总揽全局"。要发挥数据在时间维度上的价值，就必须让数据贯穿产品的整个生命周期，形成在时间维度上的闭环。传统上，上游供应商的数据交换给生产制造企业，制造企业依据数据排产，进而生成生产环节的数据；生产环节的数据交换给物流配送，物流企业安排运力，进而产生新的物流数据；物流数据交换给销售通路，销售通路开始安排铺货，并最终将商品交付到用户手里——这是顺时针的数据交换。反过来，数据同时会进行逆时针的流动——用户需求数据交换给销售通路，销售通路把购货数据交换给制造商，制造商再把生产数据交换给供应商。但在数据拉通的情况下，所有环节的数据都会实时投射到数据平台上，点对点的数据交换被全方位的立体展示取代，每一个环节的参与者都可以"一点进入，总揽全局"。

最后，要做到"生态共赢"。数据能量的融入，意味着经营管理的"变轨",一切经营活动都被数字化镜像到了网络空间,再反过来以数据驱动经营实践。从这个意义上来讲,数据先锋企业往往存在很强的"数据路径依赖性",需要外部合作伙伴也要"上道"才能更好协同。因此,仅关注企业内部的数据治理是不够的,还必须在保护自身数据权利的前提下,与合作伙伴一道,甚至帮助合作伙伴构筑标准统一的"数据底座"。

倘若一个组织能够让数据发挥出"精通"的威力,那么其商业模式和组织形态必将会在数据能量的加持下穿越技术和产业周期,从而不断模进。

第8章 模进

一

欣赏古典音乐，经常可以在音乐作品中发现"模进"（sequence）现象。所谓模进，是指同一主题旋律在不同音高上的重复出现，也称"移位"。通俗一点讲，就是同样的东西连续出现，但在音高上表现出差异。模进是音乐中重要的发展手法之一，应用范围非常广泛，几乎所有形式的音乐作品中都用到了模进。

模进用来对音乐的局部素材进行发展，以形成一种序列，一般至少三个序列，每一个序列称作一个音组，第一个音组又称为动机。可以说，模进就是动机（第一个音组）的演进。由此，模进是有方向和步伐的，有上行模进和下行模进，有二度模进、三度模进等（这是指模进的音程关系）。上行模进时，音高越来越高，表现出一种能量的蓄积和情绪的张力，在旋律上有层层递进的特点；下行模进则一般预示着减缓的终结部分的到来，在音高和能量上是层层递减的。

作为音乐主题的发展手法，模进对音乐创作来讲极为重要。要完美地表现音乐内容、情绪，还要塑造独特、完美的音乐形象，只靠一个好的音乐主题是远远不够的。模进手法可以把音乐情绪以不同的层次推进，做到淋漓尽致的释放，还常被用来将乐曲推向高潮。通常的做法是，在高潮到来前，音符在旋律线上模进，先低后高或者先高后低，再以螺旋形递升的结构来达到高潮。

巴洛克时期的音乐，在旋律上空前华丽、复杂，有相当多的装饰音和模进音阶，且经常包含复杂的对位。因此，一段旋律只听一遍几乎是不可能完全理解的。这个时候，大量使用模进就非常有必要了——既可以让听众实现真正意义上的再听一遍，又可以满足听众需要一些改变的心理。在古典主义时期，作曲家们对模进手法进行了创新，以主题间的对比取代单一主题的模进，来推动乐曲的发展。在之后的浪漫主义时期，模进被作曲家们运用得更自由多样，也更加频繁，常被用来表达他们想要描绘的各种形象和音

第 8 章 模进

乐思想。到了现代音乐时期,包括如今的很多流行歌曲在内,模进依然被大量音乐作品所使用,成为创造音乐形象的最主要手段之一。

由此可见,虽然音乐作品千变万化,音乐风格千姿百态,但模进的作曲手法却是每个时代所有作曲家的必备本领,它以音乐"建筑师"的角色,活跃在各个时代的音乐作品中。以此类比,商业的演进与音乐的模进有着异曲同工之妙。不管哪个时代的企业,都要构建起自身的商业模式(动机),并随着技术和外部环境的变化而不停"模进",时而声音低沉,时而高亢嘹亮。正是在这种螺旋式递进的抑扬顿挫中,企业找到了将商业模式因时代要求而强化、走弱,以及转调的途径。

如今,技术迭代极其快速、商业环境变动不居。只看近20年的发展,我们就先后经历了互联网、移动互联网、大数据、人工智能、区块链等数字技术的创新。而且,每一次技术的更新换代,都带来了大量的商业模式重塑,我们常常称之为"颠覆式创新"。然而,如果拨开这些新技术的外衣,深入商业模式本身去看,我们大概率会发现这样一个规律:真正穿越不同技术周期的商业模式,往往是这家企业最初商业模式的"同构序列";真正随着技术周期变化的不是动机,

蝶变 5：打开数业时代新图景

而是音高，是把同样的音组变化了音高之后的又一次演绎——这是商业范畴的模进。

举几个例子。成立于 1999 年的阿里巴巴，经历了互联网、移动互联网、大数据等技术周期，现在正在走向人工智能（如其开发的通义千问），虽然技术周期数次迭代，但其"让天下没有难做的生意"这一动机始终如一。微软经历了软件的 PC 时代，再到互联网时代，然后是云时代，业务形态发生了很大的变化，但是"予力全球每一人、每一组织，成就不凡"的使命没有变。百年企业 IBM 虽饱经风霜，但其"计算"的旋律从一而终。我们还可以举出更多类似的"模进案例"。

站在组织之外的人士，更加关心时尚的科技潮流。一会儿大数据，一会儿人工智能，一会儿元宇宙，一会儿量子计算……这些科技新词满足了大众对未来趋势的窥探欲，但并不能直接作用于商业模式的进化。任何一名冷静的企业家，都会对科技新潮流报以商业上的"狐疑"——他们不是不接纳新技术，而是必须仔细评判，原有的商业模式在新的技术乐谱上应该被置于哪个音高位置上，才能推动业务和组织的向前发展。大众需要新鲜感，但企业家需要更关注自身商业模式的创新，两者结合，恰好模进。

第8章 模进

二

模进包含两个字，模和进。前者是静态的，可理解成模型或者模式；后者是动态的，意味着变化和更新。两者合起来，得有模，必须进。

先说模。对应到企业经营，模就是商业模式，或者说一家企业赖以创造价值的基本结构。比如，戴尔公司的商业模式是直销，阿里巴巴的商业模式是电子商务，小米的商业模式是生态链，字节跳动的价值创造方式是算法驱动内容推荐，等等。在数据经济的环境下讨论商业模式，可能会涉及企业经营的方方面面，但都离不开创造价值的三个基本元素——硬件、软件和界面。硬件是商业模式的外壳，既包括传统意义上计算机设备等硬件，也包括产品的实体形态，你可以把这"硬件"理解成"原子态"，也就是支撑一个"模"的所有物理层面的东西。自然，软件就是支撑一个"模"的所有数据层面的东西，表现为"比特态"。界面是商业模式与相关方互动的窗口和通路，也是将软硬件能力向外界传递的管道。硬件、软件、界面相互融合，组成了数据时代创建一个"模"的基本元素。

如果说硬件是乐谱的话，那么软件就是乐曲，而界面则

蝶变5：打开数业时代新图景

是乐器。乐曲是在乐谱上创建出来又留在乐谱上的，如果没有乐器将乐曲演奏出来，就不能被听众真正欣赏到。当然，作曲家、演奏家、指挥家这些人物角色也很重要，但我们现在讨论的重点不是人所扮演的角色，而是要弄清楚一个标准"音组"的创建所必备的要素。硬件、软件和界面，这三个元素在创建一个"音组"时缺一不可，并且紧密相连。更进一步来说，一旦将这三个元素准备齐全了，那么我们就能构建出了一个相对稳定的结构，这就是"模"。虽然后续的演绎者依照这个"模"会奏出不同的韵味，但"模"本身的结构已经凝固在音符里了。

先举一个建"模"的案例。1997年，史蒂夫·乔布斯（Steven Jobs）重新回归苹果公司之后，进行了大刀阔斧的改革，最终为已经陷入困境的苹果公司找到了可以模进的商业模式，并在后续的时代发展和技术更替中屡试不爽。这套商业模式归纳起来，就是"软件+硬件+界面的用户体验生态"。首先，乔布斯回归后发布的第一个重磅产品是iPod（2001），它拥有非常人性化的硬件设计，比如放弃了传统播放器上的按键，而改为旋钮设计。这款产品迅速打开了市场，赢得了用户的青睐，这是苹果新时代商业模式第一次成功的市场化表达。其次，iPod有自己的软件平台——操作

第 8 章 模进

系统，来驱动播放器实现理想化的能力输出，并在硬件与界面之间建立起了桥梁。最后，搭配 iPod 一起上市和应用的 iTunes 是最为重要的界面，通过这个界面，用户才能自如地与苹果公司的软硬件进行交互，也能实现与供应商和合作伙伴的无缝衔接。有了这套体系，苹果公司终于明确了数据时代的主旋律，也找准了自己的"动机"，并创作出了表达这个动机的第一个"音组"。

在动机音组创作成功之后，这个结构就基本没有变过了。iPod 之后，苹果公司又在播放器上开了个视频窗口，用来播放视频，这就是 iPod Nano。与此同时，iTunes 也实现了扩容，由管理 mp3 扩展到管理 "mp3+mp4"。之后，他们把 Nano 的窗口扩大到整个手持终端表面，这就有了 iTouch。这款产品进一步扩展了生态范围，不但可以播放音频、视频，还能玩游戏。自然，iTunes 同时也把游戏服务纳入其管理。苹果产品最大的跃升，发生在 2007 年 iPhone 的推出。直观来看，iPhone 其实只是在 iTouch 的基础上增加了通信功能而已。但实质上，iPhone 最大的变化是分化出了又一个"界面"——App Store。这意味着苹果模式与用户之间的互动数量、种类更丰富。在 iPhone 的基础上，苹果将显示屏再进一步放大，这就有了 iPad；再放大，就有了 iMac；再

蝶变 5：打开数业时代新图景

放大，就是 Apple TV；而反方向缩小，就有了 Apple Watch……注意思考，乔布斯领导的苹果公司近 20 年的历程，经历了互联网和移动互联网的范式迭代，也完成了多次产品创新，但其"软件＋硬件＋界面"的"模"基本没有变化，只是在不同的音高上重复而已。甚至乔布斯之后由库克领衔的苹果公司，依然在早已确定的"模"上运行。

这就是"模"的威力。一家企业找到并成功创建出适合自己的"模"可能并不容易，但一旦成功建"模"，企业就会长时间获益，甚至会穿越很多个技术周期而存在。

在这里，需要给那些想建"模"的企业几点建议：其一，任何一个结构稳定的商业模式，必须具备硬件、软件、界面，且三者不能有一个短板，必须做到三足鼎立。在苹果案例中，任何一个元素拖后腿，这个"模"都站不稳。其二，这三个元素必须自洽，也就是要浑然一体、相互补强。在苹果案例中，硬件的畅销带动了软件，软件驱动了界面，界面优化了用户体验，进一步促进了硬件销售，如此往复循环，才得以形成自我强化的正向增强。其三，这三个元素经常重叠，甚至还会互相替代。例如，苹果公司的界面既可以是原子的（硬件屏幕），也可以是比特的（软件端口）。企业家想要优化一个"模"的内部结构，就经常需要在原子与比特的占比上进行斟酌——有的时候原子多一些，有的时候需要比特多一些，这也是为什么很多软件公司要涉足硬件、硬件公司要进军软件的原因。

三

弄明白了怎么创建"模"，那接下来如何"进"呢？建"模"是确立动机，模进则需要动力。

一般来讲，驱动企业模进的力量有这么几个：政策（Politics）、环境（Economy）、社会（Society）和技术（Technology）。是不是很熟悉？对，这四股力量就是我们熟悉的宏观环境分析框架——"PEST 模型"。当然，企业并不是一味地被动适应这些外部环境，它还能主动向前模进。这源自企业内部的模进动力，我们称之为管理（Management）。更进一步，如果没有内部管理的动力配合，仅靠外部环境是无法推动企业模进的。从这个意义上来讲，管理是模进的首要动力。由此，我们将模进动力归纳为"M-PEST 模型"。

创办于 1975 年的微软公司，赶上了或者说亲手创造了全球 PC 时代，成功将个人电脑摆上了每个人的家庭书桌

蝶变5：打开数业时代新图景

或办公桌，建立了为个人和组织进行生产力赋能的基本模式。构成这一基本模式的要点，在早期是软件的商品化。从一开始将DOS操作系统嵌入IBM的PC机，再到后来通过Windows视窗系统与英特尔达成稳固的"Win-Tel"联盟，之后大力打造办公软件Office套装，微软在软件商品化的道路上一路狂飙，牢牢坐稳了软件帝国的宝座。

进入21世纪，软件商品化的逻辑开始遭遇挑战，外部环境日趋恶化，微软在反垄断的风暴中还差点被拆分。尤其是随着互联网的高歌猛进，以及互联网新贵的崛起，软件的使用方式发生了很大的变化。2006年，谷歌正式提出"云计算"的概念，并不遗余力地推动落地。同年，亚马逊也发布了自己的云计算服务平台AWS。这些动作表明，云计算的趋势已经势不可挡。在这一趋势背景下，软件也将不可避免地走向"云化"，也就是"软件即服务"（SaaS）。这意味着，微软旧有的软件商品逻辑遭到了极大挑战。但时任微软CEO的史蒂夫·鲍尔默（Steve Ballmer）显然没有带领微软进入云时代的准备。不仅如此，他还疯狂收购了手机厂商诺基亚，这严重偏离了微软商业模式的主旋律，也让微软的前途蒙上了阴影。

2013年，鲍尔默辞任，萨蒂亚·纳德拉（Satya Nadella）

第8章 模进

接过微软权杖，开始全面推动微软的云进化，很快取得了卓越的成绩。纳德拉称自己发动的这一次微软模进为"刷新"——结构不变，内容更新。也就是说，动机没变，只是使用了不同的乐器组合（云），在不同的音高上，将微软的主旋律重新演奏了一遍。这是一次完美的模进！基于此，纳德拉将过去比尔·盖茨（Bill Gates）提出的"让每个家庭的桌上都有一台电脑"的微软使命，进一步刷新为"予力全球每一人、每一组织，成就不凡"。

如果说前面两个阶段的模进使微软成功地穿越了信息时代和互联网时代，那么，面对接下来的大数据和人工智能时代，微软该如何应对，又该怎么模进呢？关于这个问题，纳德拉领导下的微软又一次进行了提前布局，那就是对 Open AI 的大笔投资。2019 年，纳德拉在很多人都不看好的情况下，顶着内部的巨大压力，对新成立的 Open AI 进行了大笔投资，随后又追加高达 130 亿美元的投资，这被业界看作是一场豪赌。2023 年 3 月，伴随着 ChatGPT 的面世，当年对纳德拉的质疑声开始消退，不仅如此，人们再一次感受到了纳德拉的远见卓识。试想，在微软"予力全球每一人、每一组织，成就不凡"的动机指引下，还有什么能比人工智能更有利于实现这一目标的呢？

蝶变 5：打开数业时代新图景

如今，微软正在将大模型的能力深度嵌入自己的办公套件，以及必应搜索引擎。除此之外，微软在人工智能技术上也已经收获了重大进展——小冰。小冰公司脱胎于微软，以连续会话能力和情感引擎为底座，已经成功孵化出了夏语冰、崔筱盼、观君等数字人，还推出了"小冰岛"，致力于成为"数字劳动力派遣"平台。设想一下，如果让小冰框架下的数字人，利用 ChatGPT 赋能后的生产工具——Office 办公套件——进入职场办公，那会是一种什么样的情景？可以想见，这家刚刚在云时代取得辉煌的企业，因人工智能而再次焕发新生，"予力全球每一人、每一组织，成就不凡"的主旋律再度回响。

微软的模进之旅，同样穿越了很多个技术周期。在不同的技术周期中，其核心的商业模式以不同的技术手段和理念，进行了不同音高的演绎。但自始至终，微软的"进"都紧紧围绕着自身的核心动机展开，这一点从没偏离。

四

成功的模进，往往需要跨越技术周期。作为商业机构，企业想要跨越技术周期，不但需要顺应技术创新、提前布

第 8 章 模进

局，还需要兼顾好商业价值的实现与市场需求的变迁。技术、商业、市场三位一体，才能促成一次成功的模进。

扎根建筑行业的广联达，是又一家实现成功模进的典型。这家成立于1998年的建筑工程软件企业，穿越了信息化、云化和智能化三个技术周期，演绎出动听的模进旋律。在这一过程中，贯穿始终的是建筑信息模型，也就是大名鼎鼎的 BIM（Building Information Modeling）。

早在1974年，卡内基梅隆大学教授查尔斯·伊士曼（Charles Eastman）在其论文"An Outline of the Building Description System"中，描述了一种存储和管理建筑设计、施工与分析信息的计算机系统，这被看作是 BIM 思想的发轫，伊士曼教授也被后人称作"BIM 之父"。伊士曼设计这套计算机系统的出发点，是认为"建筑图纸太烧钱了，必须取而代之"。要知道，自建筑业出现以来，图纸即为表达设计意图、让预算造价有据可依、辅助施工安排的主要载体。但根据《经济学人》杂志的数据显示，一个一亿英镑的建筑项目，产生的图纸数量将高达数百万张。更加要命的是，在建筑项目推进的过程中，依托纸质图纸进行信息传达不但经常出现错误，还会因为存储、传递等增加大量的成本，尤其是一旦出现修改或变更，那简直就变成了一场灾难。

蝶变 5：打开数业时代新图景

我国在改革开放后，各种建筑工程快马加鞭、大干快上。那时候的设计院主要依靠手工制图，典型的工作状态是设计人员趴在制图板上，用丁字尺、计算尺、铅笔和橡皮写写画画，场面蔚为壮观。一个原本需要创意的设计师职业，生生变成了单调乏味的制图工，效率低下不说，质量还很差。针对这一情况，1991年，时任国务委员宋健提出了"甩掉绘图板"的号召，开始了计算机辅助设计（CAD）的应用推广，这被称作"甩图板"工程。借助这件事情，我国建筑工业尤其是建筑设计领域，第一次意识到了CAD技术的重要性，也催生了一大批早期的国产CAD软件。到了20世纪90年代末期，各个设计院基本上都掌握了CAD技术，普及了"计算机出图"，可以说彻底甩掉了图板。

也是在这个时候（1998年），广联达诞生了。它瞄准了建筑设计中最能让工作效率得到立竿见影提升的造价业务。说起来，造价业务并不复杂，但很费功夫，需要造价技术人员对着图纸，用计算器等工具进行工程量的手动计算。广联达通过算量计价软件，把这些造价技术人员从手动计算中解放了出来，可以通过软件来自动统计材料（水泥、砂浆、混凝土、钢筋等）用量，然后再套用国家、地方或企业自身的定额，就能很快概算出一个项目的建造成本。所以说，造

第8章 模进

价=算量+套价。先把量算清楚，再决定用什么材料、选什么型号，然后根据对应的材料价格套进去算出一个总价，就是造价了。为了配合造价工程师更好地套价，广联达还有自己的广材网，便于造价工程师搜寻任何材料、不同型号、各个厂商在当前和历史上的报价。可以说，广联达为造价业务提供了一整套的解决方案。目前，广联达在造价算量计价方面，占据了全国90%以上的市场份额，可谓独占鳌头。

基于造价业务的成功，广联达开始剑指建筑数字化行业最难的领域——设计软件。之所以说设计最难，是因为设计要为施工服务。如果设计师不了解施工现场的具体工作和施工管理，那么设计出来的图纸就会出现很多问题，反复修改是不可避免的。更重要的是，设计方案会直接影响后续的成本管理。尤其是对于施工企业来讲，多数项目的利润率基本只有3%左右，成本管理方面稍有不慎就会导致亏损。通常来讲，设计方案会决定整个项目成本的80%。由此，有必要将成本管理纳入一个建筑工程的全生命周期来统筹，打通设计、成本管理和施工管理的边界，以保障整个项目的收益提升。自2013年开始，广联达把研发目标瞄向了设计软件，组织专门的设计研发团队、收购相关技术，最终在2022年发布了自己的设计软件，让广联达向着"数字建筑平台服务

蝶变5：打开数业时代新图景

商"的目标迈进了坚实的一步。

如果说造价业务的底色是信息化，那么设计业务的底色就是数字化了。之后，广联达在施工管理和建筑材料方面的举措，也是其自身商业模式在数字化时代的模进之举。

2015年开始，广联达在数字建造方面沉淀了丰富的经验之后，又开始将自身的商业模式模进到人工智能的范式中去。典型的案例是广联达自主研发的"AI蜂鸟系统"。这是一款面向智慧工地管理的一体化解决方案产品，深度融合了人工智能和物联网技术，并引入AI算法对施工现场进行针对性优化，达到"自动化监控、智能化管理"的需求目标。首先，AI蜂鸟系统可以适配所有主流摄像机，搭配边缘计算设备，可以对未穿戴安全帽/反光衣、未系挂安全带、高空临边无防护等场景进行智能检测，满足施工现场人员安全防护需求；其次，施工现场所有实时状况可以统一展现在智慧大屏上，项目管理人员可远程掌握工程最新进展、实时情况，项目参建各方也可以基于AI蜂鸟系统，对人员、机械、材料等各要素进行实时感知和智能决策，使建筑效率大幅提升；最后，AI蜂鸟系统还将现场实时数据与安全、生产、物料、劳务等产品拉通，实现业务管理闭环，做到了全天候精细化智能管理。目前，AI蜂鸟系统已经应用到30000多个建设项目当中，积累了丰富的实践经验和数据。

无独有偶。建筑设计行业中的另一个巨无霸企业——中南建筑设计院，也正在大力推进人工智能技术的应用，以实现建筑行业的数字化转型。我在2023年11月初，与中南建筑设计院总经理杨剑华女士有过交流探讨，了解到几个重要信息：其一，树立以制造业的方式来做建筑业的思维，即"像造汽车一样造房子"。意思是，建筑业的产品往往都是高度定制化的产品，但在智能时代，制造业的理念可以与建筑业充分融合，将建筑业彻底转型为"大规模个性化定制"的制造业。为此，中南建筑设计院引进了高端制造业的产品全生命周期管理（PLM）理念和基于模型的产品定义技术（MBD，一种使用集成的三维实体模型来表达完整产品定义信息的方法），在全球率先搭建起建筑全生命周期管理平台。其二，在这个管理平台上，可以实现"一模到底，无图建造"的数字建造技术，也就是以三维数字MBD模型，打通设计、交付、审查、招标、施工、结算、运维等全生命周期，以及服务建设、设计、施工总包、分包、招标代理等工程项目全过程参与方，达到"一个模型干到底，一个模型管到底"的目标。其三，无图建造是将数据激活，而不是将图纸画死。这相当于不再拿着纸质地图开车，而是直接根据导

蝶变 5：打开数业时代新图景

航软件提示开车。在未来，无图建造将成为智能建造的基础，相当于进入"自动驾驶"阶段。

2022 年 7 月，武汉新一代天气雷达项目"气象塔"落成，成为我国首个"全过程无缝衔接的数字化建筑项目"，也是中南建筑设计院智能建造理念的第一个示范工程，达到了"降低造价、缩短工期、提升质量"的多重目标，为无图建造和智能建造的推广奠定了坚实的基础。

虽然建筑行业被认为是数字化程度最低的行业之一，但这个领域里的实践者们没有停止模进的脚步，广联达和中南建筑设计院只是建筑业众多数字化先锋中的两例。从信息化到数字化，再到云化以及 AI 化，通过这两家公司，我们看到了建筑旋律在不同技术周期中的生动模进。

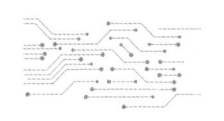

第 9 章 变态

一

2013年4月2日,谷歌更新了谷歌浏览器首页的涂鸦(Doodle)[1],以纪念德国自然主义学者、画家玛丽亚·西比拉·梅里安(Maria Sibylla Merian)诞辰366周年。这位女性是昆虫学的先驱,也是第一位用画笔清晰记录蝴蝶变态过程的画家,还是打破世俗偏见的伟大博物学家。

在梅里安所处的年代,生物科学还处于萌芽阶段,人们

---

[1] 谷歌浏览器首页搜索框的正上方是谷歌的标志,但在许多情况下,这个标志会伴随着所谓的涂鸦。这些涂鸦突出反映了一些世界性问题、重大历史事件、世界性节日、当地庆祝活动、重要人物的生日以及他们对社会的贡献。

蝶变5：打开数业时代新图景

普遍接受的观念是，昆虫是从露水、泥土甚至树叶中自然长出来的，老木头里会自然长出蛾子，而毛毛虫是卷心菜的产物……像蝴蝶这种有形态变化的生物，则被认为是魔鬼的产物。梅里安并没有相信这些荒谬的说法，而是选择通过自己的观察和求证来得出科学的结论，根本不在意世俗的眼光。梅里安出生在德国法兰克福的一个艺术世家，自幼就表现出了很强的绘画天赋。在她还是小孩子的时候，梅里安就可以连续几天、几周甚至几个月认真观察毛毛虫、蛹、蝴蝶和飞蛾的生长与变化，并用手中的画笔，详细记录昆虫生命周期的每个阶段。

梅里安偏爱蝴蝶，在她的《苏里南昆虫变态图谱》（*Metamorphosis Insectorum Surinamensium*）一书中，梅里安用精美的手绘图展示和记录了大量蝴蝶的变态发育过程，还用文字记录下昆虫变态发育的细节，以及各个变态阶段所吃的食物，从而勾勒出了自然界动物和植物之间的关系，为之后的研究者提供了珍贵的一手资料。

梅里安做了很多在当时属于"离经叛道"的事情——离婚、开昆虫工作室、去南美洲苏里南探险、出版图书等等，招致了许多攻击和嘲讽。但同时，她也取得了非凡的成就，为早期昆虫学的研究做出了卓越贡献，被后世的昆虫学

第9章 变态

家和自然史绘画艺术家推崇备至。为了纪念她，瑞典博物学家卡尔·冯·林奈（Carl von Linné）用她的名字命名了多个物种；1992年德国发行的500马克纸币，正面是梅里安的画像，反面印着她的作品。

现在，我们都已经知道了蝴蝶的成长过程。

一只蝴蝶，最开始只是一粒极小的卵，一般附着在绿叶上。经过一段时间后，卵孵化出幼虫。它要做的第一件事，就是把自己的蛋壳吃掉，从而破壳而出。接下来，为了更好地生长，幼虫会啃食绿叶来获取养分。在这个阶段，它的主要任务就是不停地吃。大概需要三周的时间，原来只有不到两毫米大的幼虫，就会长大到原来的100倍，这就是我们常说的毛毛虫。毛毛虫继续疯狂地吃，其间还会经历几次蜕皮，直到把自己吃得肥肥胖胖，变成了一支"能量棒"。然后，它会找个安全的地方化蛹——外表结成蛹壳，体内的脏器将以液体的形式开始溶解，成虫器官芽会在内部迅速成长，形成新的成虫结构。

这是一段表面平静、内在剧烈动荡的过程。它相当于毛毛虫在蛹体内以牺牲自己的身体为代价，完成一次彻底的形态重塑，并催生为成虫。当成虫发育完成后，蛹的表皮会裂开，成虫的头部先从蛹体中伸出来。随后，皱褶的翅膀慢慢

蝶变5：打开数业时代新图景

抽出——在这次重塑中，最明显的变化就是翅膀的出现。此时，血液流经全身，将翅膀像吹气球一样慢慢撑起来，直到完全展开。最后，翅膀一扑棱，作为一个新的生命体，蝴蝶的旅程就此开启了！这个身体重塑的过程，就叫作"变态"（Metamorphosis）。

变态可不是一件容易的事情，尤以蝴蝶为甚，它们可以说是"最变态的生物"。蝴蝶在其短短几个月的生命历程中，不是在变态，就是在变态的路上。从古至今，蝴蝶这种奇妙的生物屡屡出现在各种文学作品中，触动了人类很多种情感的共鸣。究其原因，盖因蝴蝶的一生，活出了很多个样子。

企业，何尝不是呢？

二

如果说"模"是蝴蝶的成虫细胞，那么这个成虫细胞在卵、毛毛虫、蛹、蝶这四种形态下的存在就是一种模进形式，其模进过程中的形态变化，就是变态。由此可以说，变态是对模进的组织适配。

纵观蝴蝶的整个变态过程，其至少体现出了这样几个特点：其一，虽然形态会发生变化，但成虫细胞是从一开始就

第9章 变态

存在于卵中的，接下来的几次三番的形态变化，都始终携带着成虫细胞；甚至可以说，所有的形态变化都是为了最终促成成虫细胞的发育。其二，变态是一个连续的过程，虽然表面上看起来变成了不同的样子，但每次变态都是上一个形态的时间连续体，蝴蝶并没有与之前的自己断裂，只是完成了重生。这一点相当重要——变态不是否定过去，恰恰相反，每一次新生都建基于过去。其三，变态需要外部能量的支撑，无论是从卵到虫，还是从虫到蛹，在这两个阶段，蝴蝶几乎只做一件事情——疯狂地吸取外部能量，比如进食。只有储备足够的能量，才能支撑其完成惊险一变。其四，化蛹和破蛹本质上是一次内部的重组。这个变化过程是最具震撼性的，但从外部去观察却十分平静。也就是说，在这个阶段蝴蝶几乎不跟外界沟通，而是将所有的能量都用于内部的整顿和再秩序化。

最后，也是最重要的，变态需要完成认知的升维，接受并驾驭更高程度的复杂性：卵的阶段是静止的，但到毛毛虫阶段就能四处蠕动了；到了蝴蝶阶段，其认知系统就从应对地球重力系统，升维到了适应和驾驭空气动力学了。自然，这个时候的蝴蝶所拥有的神经系统和感官功能，跟之前已经有所不同了。

蝶变5：打开数业时代新图景

需要指出的是，最终完成变态后的蝴蝶，从一般的功能意义上来讲，远胜之前所有形态，或者说蝴蝶实现了功能的"向下兼容"。它们不但可以停，还能走，当然也能飞，所以蝴蝶成虫的技能是具有累积效应的，意味着它们并没有完全抛弃过往，而是在不断生长。当然，蝴蝶还具有难能可贵的审美价值，其形态的美丽、身姿的灵动、翩翩起舞的样子，都是过去的形态所没有的审美价值。

人们一般只会倾心于蝴蝶的形态之美，却很少关注达到美的境界所需要付出的代价。简单思考一下就能明白，你见到的每一只蝴蝶，都是"九死一生"的结果：如果卵被破坏，那么就没有后续的故事；如果变成毛毛虫后，被鸟儿啄食了，也就没有后续的故事；如果化蛹的时候被动物或者树枝戳破，那么被包裹在蛹壳里的液体就无从保全，当然也就无法化蝶。从这个意义上来讲，每只蝴蝶都是"偶然"——正因为已经知道了这个"偶然"的结果，所以我们才推断出蝴蝶经历过卵、虫、蛹、蝶的变态这一"必然"过程。

遗憾的是，即便我们可以从偶然得出必然，我们也无法从必然得到偶然。意思是说，即便我们拥有卵，甚至卵已经变成了虫，再或者虫已经变成了蛹，我们也无法确保一定会收获一只蝴蝶。这么说，很多人会觉得这是一种"悲观主

第9章 变态

义"的论调，但很不幸，现实就是如此残酷。

当一家公司取得成功的时候，很多专家学者就会蜂拥而至，拿着显微镜，取出他们管理锦囊里的各种"手术刀"一通忙活，很快就满载而归，以为终于搞清楚了这家公司成功的必然因素。接下来，他们就会添油加醋，把有的没的混合进去，再运气磨掌，将平生所学之自以为是的"功力"灌注其中，终得一丸"神丹"。然后，他们会告诉后来者：服下此丹，你也可以像那家公司那样"羽化成仙"。这些年，企业家们没少服用这些所谓的"神丹"，但衰退甚至倒闭的公司似乎并没见减少。

假如你能像尊重生命一样尊重公司或者组织，你大概率不会像上述情景那样轻率地得出结论。举凡生命，每一刻都在为生存而斗争，每一秒都命悬一线！蝴蝶在其大部分生命历程中都是丑陋的，就连其最美的时刻也一样危机四伏。

虽然这一切足够艰难，但成虫细胞从一开始就知道，它的最终目标就是要变态成美丽的蝴蝶。所以，与其说是变态，莫如说是坚守。

蝶变 5：打开数业时代新图景

三

对于企业来讲，变态是一场"刀尖向内"的变革，需要对自身的组织体系完成彻底的重塑，以全新的面貌和焕然一新的姿态来面对未来。要完成这一变态过程，既需要企业拥有足够的资源储备，又需要其具备面向未来的坚定信念。

在数字能量加速向社会各个角落渗透的当下，过去相对稳定的外部环境越来越变动不居，让内部的组织能力时常捉襟见肘，企业资源消耗加剧，严重的时候会让企业面临重大危机。那些曾经辉煌过的企业，在数据时代几乎都曾直面过这种"变态悖论"——不变态是等死，变态是找死。但是，仍然有很多公司在这种"横竖都是死"的绝境中，找到了自己的生存之路，甚至是更好的发展之路。

总部位于荷兰阿姆斯特丹的百年企业飞利浦（Philips），有着十分显赫的历史，但却在 2011 年前后遭遇了巨大挑战：这个时候的飞利浦已经成为业务遍及全球、横跨数个行业的电子巨头，是世界最大的照明公司、消费电子产品的领先企业，也是顶级的医疗设备制造商，但是飞利浦在人才和资金方面却不断遭受打击，虽屡屡裁员止血，但亏损仍然达到了 13 亿欧元。

第9章 变态

在新上任的首席执行官万豪敦（Frans van Houten）的领导下，飞利浦决定完成"变态"——成为一家健康科技公司。具体来说，飞利浦将摆脱过去单纯基于产品的思维定式，转而围绕用户健康来提供解决方案。为此，飞利浦建立了名为"健康连续体"的指导框架，旨在刻画用户从健康生活方式、疾病预防，到准确及时诊断疾病、适当治疗、居家护理和监测，最后回归健康生活的全过程。基于这一健康连续体，飞利浦把医疗保健视为相互关联的整体，而不是相互分裂的产品和设备。

飞利浦意识到，数据将成为贯穿整个健康连续体的主要手段，以及信息与知识的载体，因此必须开发出数字化平台，将信息流和工作流自动化，以便整合放射学、病理学、分子生物学和基因组学等多个专业领域的知识，来对患者形成一致、整体的看法。之后，医生可以使用人工智能和数据洞察的结果，来选择正确的治疗方法，从而提高治疗和护理的质量与效率。

在这一理念牵引下，飞利浦对产品组合、商业模式和企业文化进行了彻底的改变，包括退出公司长期经营的传统业务。从2011年开始，飞利浦先后出售了电视、音频和视频业务，并将照明部门剥离出来成立了一家新公司——昕诺飞

蝶变5：打开数业时代新图景

（Signify）。2021年，飞利浦出售家电业务，完成了主要的资产剥离，颇有点"壮士断腕"的感觉。继而，飞利浦开始围绕用户进行组织重塑，将原先各自为战的职能团队整合到一起，共同为客户创造价值。同时，飞利浦大力发展生态合作伙伴关系，引入新的人才，将技术、数据和软件能力提升到更高的程度。

通过这样的变态过程，飞利浦变成了一家专注于健康科技的新公司，从一只大象变成了一头雄狮，股价随之大幅上涨，完成了漂亮的"谷底大翻身"。2020年，根据波士顿咨询集团的数据显示，飞利浦是"最具创新力的50家公司"中排名第一的医疗技术公司，与GE医疗、西门子医疗并列为三大跨国医疗器械巨头（并称为"GPS"）。当年的毛毛虫（照明业务起家），变态成了如今的蝴蝶。

在飞利浦的变态案例中，有几点值得注意：其一，就像毛毛虫需要疯狂进食以储备能量一样，企业的变态也必须要有充足的资源积累。虽然飞利浦当时已经出现巨额亏损，但以它之前在各个行业领域中的领先地位，确保了其有充足的经验积累和资源链接度，尤其是这些资源足以帮助飞利浦转变到新的形态。其二，变态不是毁灭，而是重塑。虽然飞利浦转向了健康科技，看起来跟传统的医疗设备等有很大的差异，但实质上，健康科技的定位更有利于而不是有害于医疗设备的产品销售，这是一种更直接的面向客户进行产品销售的方式。其三，要敢于抛弃"蛹壳"。如家电类业务，其显然无法与新业务形成"数据耦合"，也就很难实现相互强化的倍乘效应，甚至会耗散太多的精力，因此将其剥离出去是最好的选择。其四，变态需要组织层面全方位的配合，既涉及产品组合和业务模型的重塑，也是战略、文化、理念的革新，即需要完成认知系统的重启——从提供单一的产品，转变为以用户的实际需求为"指向标"，提供综合的解决方案。

四

将企业变态现象清晰刻画出来的人，是欧洲最有影响力的商业思想家之一，瑞士圣加仑大学教授弗雷德蒙德·马利克（Fredmund Malik）。他是一位富有实践经验的管理学专家，其学术理论在世界范围内都有极大影响，是许多知名公司的战略和管理顾问（马利克的著作国内也有中文版，推荐阅读）。

在《转变：应对复杂新世界的思维方式》（*Navigieren in Zeiten des Umbruchs: Die Welt neu denken und gestalten*）一

蝶变 5：打开数业时代新图景

书中，马利克提出了用于探讨企业转型创新的曲线模型，即"21 世纪巨变之模式"。此后，华为公司根据马利克到华为举办现场讲座的内容，将该曲线模型进一步延展，并命名为"马利克曲线"[1]（见图 9-1）。这个模型总共包含三条曲线：目前存在的根基（现在），未来存在的根基（未来），这两条线的交互作用，造就了企业的"优化发展之路"（最上方的线）。在现在与未来两条线的交叠区域，预示着新范式正在取代旧范式，形成了一个挑战管理决策的混沌区域（阴影部分），这相当于蝴蝶在蛹壳里液化进而羽化的过程，跨过去就蝶变成功，跨不过去则零落成泥碾作尘。

其实，在管理理论和实践者的工具箱里有很多种"曲线"，比如"S 曲线""第二增长曲线""微笑曲线"等等。马利克曲线模型的创新之处在于，它把第一增长曲线（现在）和第二增长曲线（未来）在时间尺度上进行了叠加，从而让"当前的管理复杂性"（混沌区域）凸显了出来。这样的处理更加贴近商业管理现实，毕竟在企业经营的过程中，始终会

---

[1] 关于"21 世纪巨变之模式"的精彩论述，详见：[奥] 弗雷德蒙德·马利克，《转变：应对复杂新世界的思维方式》，黄延峰译，机械工业出版社 2023 年版；关于华为公司对"马利克曲线"的解读，详见：华为公司企业架构与变革管理部，《华为数字化转型之道》，机械工业出版社 2022 年版．

第 9 章 变态

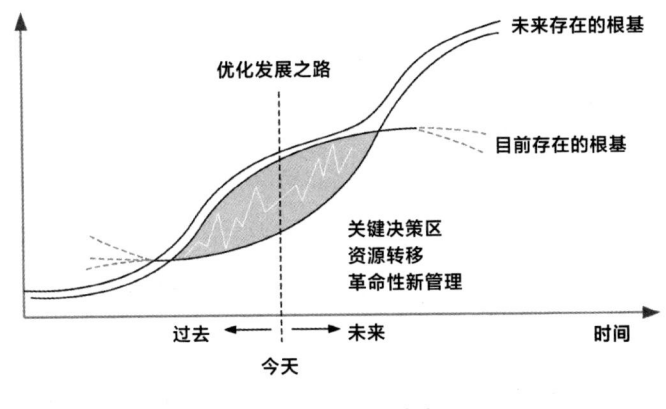

图 9-1 马利克曲线

面对如何平衡现在与未来、长期与短期、新与旧的问题。这个模型更加精彩之处在于第三条曲线，也就是最上方那条"虽有起伏，始终增长"的优化发展之路，这是激发转型期企业希望的一条曲线。正因为有这条曲线的存在，才激励了企业勇敢跨过混沌区，走向未来。这像极了蝴蝶破蛹前的处境——为了最终飞向天空，短暂的痛苦是值得的。

然而，马利克曲线模型仍然是一种"后验式"的精致模型，只有在变态之后，我们才能反推出"原来我们是这样走过来的"，但当我们站在当下的时间点上，实际上我们是无法预见接下来的结果的。这样一来，很多管理决策都不得不在模糊的环境下做出。这就像另一位管理大师查尔斯·汉迪

蝶变 5：打开数业时代新图景

（Charles Handy）提到的"戴维酒吧之路"——当你知道该往哪走的时候，往往已经太迟了。[1]

对于如何穿越混沌区，马利克曲线模型并没有给出确定的解决方案，也没有放之四海而皆准的落地策略。基于此，我根据自己的产业观察，在学习马利克曲线模型和汉迪的第二曲线的基础上，尝试给出企业实现变态的几条建议：

第一，必须让第一曲线（现在）成为变态的资源保障。大多数企业的转型，都是在承受内外部压力之后的被动之举，而不是主动为之；很多有关这个主题的研究结论，也都仅限于指引企业如何应对这些压力。但我想说的是，变态不同于转型，不是被动响应，而是一条主动选择的道路，所以变态需要做到"天晴的时候修屋顶"。然而一般来讲，没有充分资源储备的变态，结果只会是变坏。这就像是一个悖论，但事实恰恰是——好，才能更好！一般情况下，企业经营不是捡了芝麻丢了西瓜，也不是捡了西瓜丢了芝麻，而是要么西瓜芝麻都能捡起来，要么西瓜芝麻都捡不起来。试问，有哪家变态成功的企业，其商业系统不是更加复杂的？

---

[1] 详见：[英]查尔斯·汉迪，《第二曲线：跨越"S型曲线"的二次增长》，苗青译，团结出版社1997年版．

第二，变态不是舍弃和替代，而是继承和进化。新曲线和旧曲线必须同时保持向上的进化路径，才能真正穿越混沌区。正是新、旧曲线在混沌期向上的斜率，决定了优化发展曲线始终保持向上的形态。这就要求在混沌期中，第一曲线需要提供坚实的资源支撑底座，而第二曲线则需要尽早标定未来增长的天际线。所以，底座越高，天际线也就越高，直到两条曲线完成融合。也就是说，第二曲线潜力开始充分释放的时候，一个变态周期就完成了。

第三，必须保持优化发展曲线行驶在正确的轨道上。相比于第一和第二曲线，第三条曲线更具战略意义，也是企业高层决策者必须重点关注的核心。理论上讲，无论其他两条曲线如何演变，只要能够保证第三条曲线成功，就能顺利变态。换言之，第一和第二曲线只是为了获得第三曲线的手段，而不是目的。从这个意义上来讲，如果第一曲线本身能够与第三曲线高度拟合的话，那么第二曲线就没有存在的意义。更进一步，如果可以通过 n 条曲线才能保持第三曲线的形态，那也未尝不可，眼睛只盯着第二曲线未免太狭隘了。这说明，企业不能盲目地追求变态，不能为了变而变。还说明，是不是需要第二曲线或者更多条曲线，要看第三曲线的形态。个人认为，马利克曲线模型也需要变态，不如改称

"变态模型"或者"第三曲线"吧。

归纳一下,从第一曲线过渡到第二曲线,这是"模进"的范畴。从第一曲线和第二曲线的融合,进而造就第三曲线的新形态,属于"变态"的范畴。由此可以说,企业一般是在模进中变态的。

五

如果说升维的主要表征是业务级别的进化,那么模进刻画的是技术周期级别的进化,而变态则可以推演到产业周期级别的进化。

我曾手绘过一张草图(见图9-2),用来说明一个产业大致会经历什么样子的变态过程。没错,我用的也是S曲线。只是我这草图里有很多条曲线,这些曲线组成的综合趋势也呈现出一路向上的态势。

关于这张图,有必要说明几点:第一,基于产业周期的变态通常会经历很多个阶段,且几乎没有真正进化完成的那一天,一直到整个产业不复存在。第二,根据我的观察,产业变态过程中,可以比较明显地划分为作品化(S1)、产品化(S2)、商品化(S3)、服务化(S4)、体验化(S5)这五

第 9 章 变态

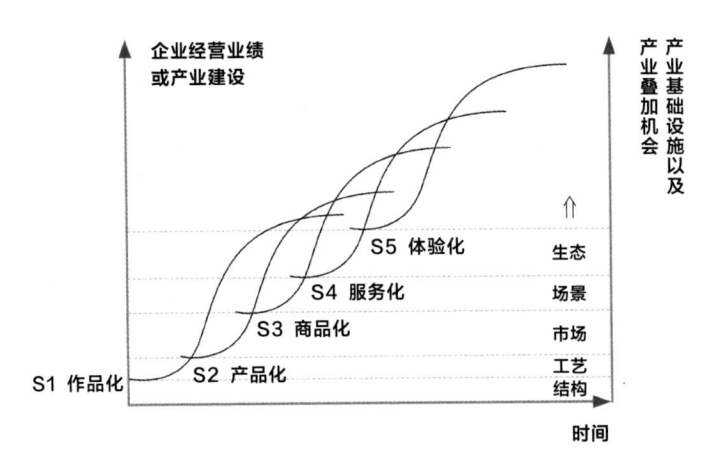

图 9-2 笔者绘制的产业变态过程手稿

个阶段。第三，每个阶段都有需要解决的重点问题，例如结构、工艺、市场、场景、生态等。

展开来讲，一个新产业在诞生之初，往往表现为某种作品化（S1）——少数人创造或主导，少数人欣赏或消费，总之是个小众的东西。然而，小众化也是结构化的，没有"结构"这个人为因素的支撑，一样东西是不能称之为作品的。因此，作品化阶段是结构定型的时刻，只有结构确定了，才有可能在稳定的结构上进行大规模的创新和推广。例如，计算机虽然早就有很多人研究，但只有当冯·诺依曼结构（计算机存储器结构）诞生的时候，计算机才真正具备了产业化

蝶变5：打开数业时代新图景

的可能性。汽车也是如此，创造出"不用马拉的马车"的想法很早就有，但只有当卡尔·弗里德里希·本茨（Karl Friedrich Benz）将汽车的结构定型，汽车的产业化道路才真正铺就。在此之前，汽车还只是一件作品。

S2代表的是产品化。一件作品未必是一件产品，前者因为是"孤品"才更有价值，后者却因为成了"众品"才有意义。所以，从作品变成产品，关键是从"作"变成"产"，这就需要生产工艺的改进和配合了。如果福特汽车没有发明工业流水线，那么恐怕汽车这个作品只能停留在手工作坊阶段，产能无法释放，也就难以"服众"（服务大众）；同样，如果拼配零部件的标准化组装工艺没有出现，个人电脑也就不会那么快就能摆上每个人的桌台。由此，产业变态的第二个阶段需要完成向产品化的跃迁，过程当中必须要解决的问题就是工艺革新。

紧随其后的是商品化（S3）。这意味着生产工艺解决之后，真正的挑战将来自市场端。产品是生产方思维，商品则是消费方思维。当具备了强大的生产能力之后，客户需求的满足就变成了最重要的事情。此时，企业已经不能一味地追求规模经济了，它需要的是精细化的市场策略和差异化的商品策略。例如，汽车在经历了福特的流水线生产之后，用户

第9章　变态

需求很快就变得越来越多样化。此时，仅仅将汽车当作经济适用型交通工具来看待是远远不够的，通用汽车（GM）抓住了时代机遇，依据市场需求开发出了各式各样的汽车，从而将福特汽车远远甩在身后。虽然通用生产的汽车结构没有变，生产工艺也没有变，但汽车在用户眼中的价值变了。所以，将汽车作为一种商品来看待是必要的。

到了第四个阶段，商品退居幕后，服务化（S4）靠前值守。此时，场景替代市场，成为产业新一轮变态周期的主角。例如，计算机在迈过硬件商品化阶段之后，软件或云计算所带动的场景需求很快就超过了单纯的硬件性能，服务开始成为主导因素。汽车行业也是如此，一来汽车衍生服务变得越来越重要，比如维保服务、汽车金融服务、汽车保险等；二来汽车租赁服务开始出现，不同场景下的需求不同，汽车租赁服务很快找到了生存根基；最终，汽车演化出了如今网约车平台这个"全服务"模式——用户不再关心汽车本身，转而关心出行的服务。

最后，服务变态为体验，也就是体验化（S5）。到了这个时候，就连服务都不重要或者不够了，因为服务也是供应方思维，需要切换到用户的体验频道。从服务到体验主要有两处改变：一是服务相对单一，无论多么系统化的服务，瞄

蝶变 5：打开数业时代新图景

准的都是相对单一的体验，但从用户侧来看，其对体验的需求永远是多元且模糊不清的，想要让用户感到"爽"，必须在"爽"过之后才知道；二是体验需要在时间线上保证持续，即"一路爽下去"，这可不是单一的服务设施能够满足的，得有一个庞大的生态系统来支撑，很可能会庞大到任何一家企业单独无法掌控的程度。因此，在这个阶段需要不停地"Plus"（产业叠加）——与各种资源体建立体验接口，不用所有事情都亲力亲为，而只需整合、把关和协调，从而让用户沉浸其中。

拿汽车产业来讲，正在浮现的自动驾驶就属于 S5 曲线阶段，因为自动驾驶构建起来的是一套"流动服务系统"，这会是极其复杂的生态系统。当然，到了这个时候，我们就终于可以忘掉最开始的形态了。正如蝌蚪找不到妈妈一样，青蛙也搞不清楚原来的它是一只蝌蚪。

把上述过程理解清楚，就可以为认知产业的周期性变态提供指引。在我有限的认知范围内，所有的产业级变态过程，可能都会出现多态叠加（正如图中曲线关系所示），却不会有某态缺失。也就是说，任何一个产业都会完整经历所有五个阶段（从 S1 到 S5）。

这个模型，有助于你从企业家变态成产业家。由此，我们也故弄玄虚一把,将这个模型称作"产业家模型"吧!拿走,不谢!

六

S1—S5展现了一个产业的完整变态过程,每个阶段都有每个阶段的精彩。但需要指出的是,变态是个连续的过程,不是相互割裂的。所以,虽然出于好理解的目的,我们可以将这个过程划分成不同的阶段,但每个阶段都不是凭空而来的,而是带着过去、面向未来。这就使得变态的过渡阶段也很重要,可以帮助我们更容易看清下一个阶段的样子。

比如,数字产业化和产业数字化,单方面看数据和单方面看产业都是不够的,必须将其提炼到"数业"的程度,才能深刻理解其内涵。又比如,数字经济与实体经济深度融合,其结果并不是两者简单相加,而应该从"数实共生"的角度来看待,才能搞明白未来的走向。再比如"两业融合",单方面关注其中任何一"业"都不行,必须要把"两业"融合起来看待,进而打通从这业到那业的路径,才能真正理解背后的内涵。变态后的形态虽然既有过去的基因,也有未来的基因,却不是过去和未来的简单相加,而是"联手孕育"。

蝶变 5：打开数业时代新图景

就像孩子既有父亲的基因，也有母亲的基因，但孩子既不是父亲也不是母亲，更不是"一半父亲，一半母亲"，而是一个独立的有机生命体，注定会走出自己的道路。

接下来展开说说两业融合。这个词指的是，先进制造业和现代服务业这"两业"的融合。之所以要专门讲两业融合，是因为数据在其中扮演着非常重要的角色。甚至可以说，没有数据和支撑数据的数字技术，就无法实现两业融合。一般来讲，制造业和服务业并不在同一个物理空间，前者表现为厂房和轰鸣的机器，后者表现为写字楼和噼啪作响的键盘，而数据却有可能让两者在同一空间叠加或覆盖，从而面向全国甚至全球不同区域进行大范围协同。

1989 年成立的三一重工，现在是全球领先的工程机械制造商，也是全球最大的混凝土机械制造商，还是全球挖掘机销量冠军，业务和生产基地遍布全世界。据统计，国内 400 米以上的高楼，其中的 70% 都是由三一重工混凝土设备完成施工的；500 米以上的高楼，100% 都是由三一重工的泵送设备完成泵送施工任务的。在国外，世界第一高楼哈利法塔（又称迪拜塔）、俄罗斯的联邦大厦、日本的阿倍野中心等，也都是三一重工的设备参与建设的。三一重工是中国首家"破千亿"的工程机械企业，2021 年入选福布斯全球企业

第 9 章 变态

500 强榜单（排名第 468 位），在体量、规模上可谓是"恐龙级"的。

有趣的是，2022 年 7 月 29 日，《麻省理工科技评论》（*MIT Technology Review*）公布的年度"50 家聪明公司"榜单上，在一堆探索生命科学、宇宙空间、量子计算、脑机接口等的高科技公司中，三一重工赫然在列，是唯一一家上榜的工程机械企业，因此格外引人注目。三一重工的上榜理由是"关注无人化、智能化，已实现近万台生产设备、十几万种物料的实时互联；投身电动化赛道，2021 年累计销售的新能源重卡占据国内 14.33% 的市场份额。先后推出了全球首款 38 吨级'量产化'电动大挖及首款 SY215 电动中挖产品，成为全球行业第一家全线覆盖电动小挖、电动中挖和电动大挖的企业"。

乖乖，传统印象里傻大笨粗的机械工程企业，竟然摇身一变成了"最聪明的公司"？后来，当我对三一重工进行实地调研，并深入了解了树根互联以及"根云"系统后，这个问题就自然有了答案——三一重工已经依靠数据实现了两业融合。

细说起来，三一重工的两业融合之旅还真有点误打误撞。早在 2008 年，三一重工机械设备的不少买家在购买时

蝶变 5：打开数业时代新图景

都采用分期付款的方式，这就产生了很多逾期不付甚至恶意拖欠款项的情况。为了及时回款，三一重工就在每台挖掘机上安装了传感器，这样就能收集挖掘机的地理位置、是否开机、开机时长等数据，进而判断机主是否恶意欠款，以及是否需要进行"锁机"等操作。这个轻度的数据应用，不但让三一重工在催收回款方面尝到了甜头，还无心插柳弄出了个"挖掘机指数"。2015 年，三一重工参考"波罗的海干散货指数（Baltic Dry Index，BDI）"[1]，正式推出了"挖掘机指数"。如今，"挖掘机指数"的监测范围已经扩大到挖掘机、搅拌机、摊铺机、压路机、汽车起重机、履带起重机等多种工程机械设备，三一重工每个月都会把这些数据报送给国务院发展研究中心，为政府制定政策提供参考。不仅如此，现在的资本市场和相关企业也可以通过这个指数，感知经济复苏态势，了解全国各个地区的投资建设活跃程度。

2016 年 5 月，国务院出台《关于深化制造业与互联网融合发展的指导意见》，鼓励有条件的产业龙头企业牵头搭建

---

[1] 波罗的海干散货指数，是由伦敦的波罗的海交易所发布的指数，包含了航运业干散货交易量的转变，是航运业的经济指标，也是全球经济的领先指标。这个指数是由全球传统的主要干散货船航线的即期运价，按照各自在航运市场上的重要程度和所占比重构成加权计算而出，是测量不同大小的干散货船的综合指标。

"工业互联网"。由此，工业互联网被明确为国家科技创新的重要方向，2016年也被称为中国工业互联网元年。同年，三一重工抓住机遇成立了"树根互联公司"，总部设在广州，由三一重工首席信息官担任总经理。树根互联的核心是"根云平台"（Root Cloud），涵盖工业互联网操作系统、工业边缘服务和工业App三个部分。目前，根云平台除了赋能三一重工，还涉足注塑、纺织、工业机器人、环保、新能源、小家电、汽车汽配等领域，推动金川集团、卫华重工、长城汽车、杰克缝纫机等龙头企业实现"大象转身"，俨然缔造出了一个通用型的工业互联网平台。

相比于消费互联网而言，工业互联网最大的难点是将互联网技术与工业领域的行业知识进行深度融合。其中，对工业协议的支持和兼容能力，是衡量工业互联网产品实力的"试金石"。树根互联依靠的，正是三一重工长达30多年的工程机械制造经验，能够深入了解这个行业的隐性知识。例如，在多种类工业设备的大规模链接能力方面，树根互联可以支持的工业协议达到1100多种，覆盖市面上95%的主流协议；机器接入类型5000多种，链接的高价值工业设备超过了120万台，能够实现多种设备物联的全生命周期管理，还可以根据物理网络和设备位置变化自动适应。目前，树根

蝶变 5：打开数业时代新图景

互联已经在世界上 70 个国家和地区，为十几个行业、近千家企业提供工业互联网服务。

类似三一重工和树根互联这样的例子还有很多，海尔与卡奥斯、富士康与工业富联、徐工集团与徐工汉云、航天科工与航天云网等等。这些成对的企业都有几个共同点：一是所依托的母体公司都属于比较传统的制造业；二是都搭建了基于云计算的工业互联网平台；三是它们都不只卖产品，同时还提供服务，通常来讲，服务由传统的产品衍生，但又获得了独立的存在地位；最后，这些新生的服务不但能为母体公司持续赋能，还能面向更广泛的客户产生经济效益。这些，正是两业融合的典型特征。

两业融合的关注重点是产业周期变态中的混沌期，涉及的是产业的历史沉淀如何融化、产业的未来图景如何型塑这类关键命题，可以说是变态进化的最要害的部分。

第 10 章 循证

一

医学向以治病救人、救死扶伤著称,却也曾有过蒙昧之举。历史上存在长达2000多年的"放血疗法"就是一例。

早在古希腊时期,被西方尊为"医学之父"的希波克拉底(Hippocratēs)提出"体液学说"来解释人们生病的原因。他认为,人的生命依赖四种体液,分别是血液、黏液、黑胆汁和黄胆汁,对应气、水、土和火。基于此,古希腊人认为,人的健康是四种体液保持平衡的结果。但是,血液在四种体液中占据主导地位,经常会"过剩",所以为了保持平衡就需要放血。这个理念后来就慢慢演变成了放血疗法——只要一个人生病了,就是体液不平衡了,通过放血排出

蝶变5：打开数业时代新图景

多余的"坏血"，从而治疗各种疾病。放血疗法成了包治百病的万能疗法。

在古代欧洲，放血是很有仪式感的治疗过程，一般都是由教堂的僧侣来实施。具体做法是，在前臂或颈部的静脉血管上开个口子，让血流出来。后来到了中世纪，教皇亚历山大三世把这个光荣的任务交给了普通人，确切说是交给了理发师。理发师们为了更好地开展放血工作，发展出了一整套的操作规程和工具，包括专门用来割开血管的刀片"柳叶刀"，英国著名的医学杂志《柳叶刀》(*The Lancet*)的名字就是这么来的。然而，理发店怎么让人们知道自己还"兼做"放血业务呢？他们一般会在门口放一个不停旋转的红蓝白"三色筒"，红色代表动脉血、蓝色代表静脉血、白色象征绷带。现在的理发店门口也大多挂着旋转的三色筒，渊源就在于此。

后来随着殖民运动的兴起，原本在欧洲非常流行的放血疗法传到了美洲大陆，受到了被称为美国"医学之父"的本杰明·拉什（Benjamin Rush）的推崇。这个人是在《美国独立宣言》上签字的唯一一位大夫，亲手创建了美国医学教育体系，当时全美四分之三的医生都是他的学生，被誉为"宾夕法尼亚的希波克拉底"。拉什医生不但是放血疗法的理论

第10章 循证

推崇者，还是狂热的实践者。1794—1797年，费城流行黄热病，拉什医生大量采用放血疗法来治疗这些患上热病的病人，每天要给超过100多人放血，他诊所的后院都成了血海，滋生的苍蝇像云雾一样密集。当然，很多患者都在放血时命丧黄泉。

这个时候，一位好事儿的英国记者威廉·科贝特（William Cobbett）站出来质疑拉什医生。他翻阅了费城那几年的死亡报告，发现被拉什治疗过的病人死亡率明显高于别的病人，于是发表文章讽刺拉什医生和他的学生们为人类人口的减少做出了突出贡献。拉什医生一怒之下起诉了这位英国记者，告其诽谤，结果法庭不出意外地宣判拉什医生获胜，罚科贝特5000美元，这在当时可是天文数字。法庭的判决结果，相当于从法律角度承认了放血疗法的有效性。

就在这时，美国的开国总统华盛顿生病了。他生病那天是1799年12月13日、星期五，也是西方人迷信的"诸事不宜"的倒霉日子。第二天，拉什医生带着他的几位学生为华盛顿治疗，上来就采用放血疗法，在十个小时内给华盛顿放掉了近2500毫升血，差不多是人体血液总量的一半。最终，美国开国总统华盛顿因为失血性休克，就此一命呼呀！

有愚昧就有光明。华盛顿去世十年后，苏格兰军医亚历山大·汉密尔顿（Alexander Hamilton）开始认真研究放血疗法。不同于科贝特使用死亡报告这样的二手数据，汉密尔顿采用"临床观察"法。他把366名患病士兵平均分成3组，每组病人的病情和治疗方法基本一样，唯一不同是一组病人接受放血疗法，另外两组不放血，结果不放血的两组分别只有2人和4人死亡，接受放血的那一组竟然死了35人！遗憾的是，这个重要的发现当时并没能发表，直到1987年才被人们从故纸堆里找到。1819年，法国医生皮埃尔·路易斯（Pierre Louis）发表了他在7年时间里对2000名病人的临床观察结果，证实了放血疗法明显增加了病人的死亡率。这是医学史上的一个重要转折点，极大地动摇了医学界对放血疗法的信心，敲响了放血疗法的丧钟。顺便，路易斯开创了临床流行病学的先河。

汉密尔顿和路易斯使用的"对照实验"法，是打破放血疗法神话的一把尖刀，其作用在于帮助他们获得了可信的数据，并成为质疑旧思想的"证据"。当然，他们两位并非对照实验的首创者。早在中国的宋代，《本草图经》中就有"类对照实验"的记载："相传欲试上党人参者，当使二人同走，一与人参含之，一不与，度走三五里许，其不含人参者，必大喘，含者气息自如者，其人参乃真也。"

第 10 章 循证

进入现代，对照实验已经演化出了很多变种。其中，双盲随机对照实验已经成为很多学科的重要研究方法，也逐渐成为"循证医学（*Evidence Based Medicine*，*EBM*）"的基石。简单来讲，循证医学就是用科学的方法来组织和审核当前的数据、建立明确的标准，改进和服务医疗保健决策。需要指出的是，"循"体现的是动态过程，是对病情进展或者医学进展的实时追踪跟进；"证"体现的是事实和证据，是对当前和历史情况的真实反映和精准判断。由此，循证就是"让证据说话"。

如果说医学是一门强实践性学科的话，那么管理也是，军事亦如是。20世纪90年代，医学正式确立"循证医学"思想之后，公共决策、教育、军事、管理等领域也悄然渗透了"循证主义"。如今，数据驱动的管理决策大行其道，"循证管理"也会是数据时代的一个必然趋势。

二

循证思想是在20世纪80年代由循证医学运动发起并得以完善的。它推动了医学模式从传统的经验医学向循证医学的转变，并引发了一场极为深刻的医学革命，可以说是现代

蝶变 5：打开数业时代新图景

医学的一座里程碑。

20 世纪 80 年代，当时一些有学识的流行病学专家和临床医师发现，以往遵循经验医学模式进行的一些临床研究设计很不严谨，结论经常出现偏差。于是，这些流行病学专家和临床医师合作，对临床研究重新设计修正，取得了一批科学性很强的研究成果，纠正了一些错误观念，为临床医学提供了一些可以遵循的科学证据。此后，循证医学的理论和实践体系开始逐步完善。1992 年，以戈登·盖亚特（Gordon Guyatt）博士为首的循证医学工作组，在《美国医学会杂志》（*JAMA*）上发表了一篇纲领性的文章《循证医学：医学实践教学的新途径》，标志着循证医学的正式诞生。1995 年，美国医学会和英国医学会联合创办《循证医学》杂志，标志着循证医学已经成为一个独立的学科体系。

1996 年，国际著名临床流行病学专家大卫·萨科特（David Sackett）博士在英国医学杂志上发表专论，将循证医学定义为"慎重、准确和明智地应用当前所能获得的最佳证据，来确定对个体患者的治疗措施"。2000 年，萨科特更新定义为"慎重、准确和明智地应用所能获得的最佳研究证据，同时结合临床医师个人的专业技能和长期临床经验，考虑患者的价值观和意愿，完美地将三者结合在一起，制定出具体的治疗方案"。

这个定义包含了至少五层含义：其一，循证医学是当前可得的最佳证据、临床医生的技能和经验、患者的价值观和意愿这三者的最大公约数，即必须兼顾科学证据、医生经验和患者处境这三个方面；其二，强调循证实践的动态过程，指明医生决策者应该不遗余力地去发掘、研究和应用最佳证据，即通过发掘和研究来"求证"，通过应用来"循证"，这是循证医学的核心要义；其三，倡导外部最佳证据与医生临床专业知识的结合，意味着医生在依靠最佳证据的同时，还要做到"因人制宜"，一边临床应用，一边总结经验，达到理论与实践相互融合的程度；其四，追求"明智决策"，即医生不能脱离现实来片面追求最佳证据的实施，而应该从患者的最高利益出发，系统化思考出最佳治疗方案，患者的"最高利益"除了健康，还包括他的意愿、资源条件以及价值观；其五，强调慎重决策，认为每个临床决策都是重要的，都应该经过深思熟虑，以便在给定的时间点为患者做出最佳决策。

随着医学领域循证运动的兴起，循证决策展现出巨大潜力，开始逐渐扩展到广泛的社会科学领域。1996年，阿德里安·史密斯（Adrian Smith）在就任英国皇家统计学会主席

蝶变5：打开数业时代新图景

的演讲中，建议政府采用"以证据为基础的方法"来制定政策。1999年，英国内阁出台了《现代化政府白皮书》[1]，其中写道："政策的制定应该具有前瞻性，并且是基于已有的证据，而不是为了应对短期的外界压力。"同年，英国内阁办公室发布了《21世纪的专业政策制定》[2]文件，用了整整一章共11页的文字来阐述证据的使用，指出"政策制定必须建立在良好的证据之上"，成为循证决策在政府部门的官方指南。时任英国首相布莱尔，将循证决策和服务提供作为政府现代化的关键因素，提出了"有效的才是重要的"（What matters is what works）的口号，从此循证决策迅速蔓延到了政策领域。奥巴马执政时的美国政府，也明确提出政策制定应该由证据驱动，其后特朗普执政时期也延续了对证据和评估的关注，致力于建立和使用证据来改进政策、计划、预算、运营和管理决策。

实事求是是马克思主义的根本观点，是中国共产党人认识世界、改造世界的根本要求，是我们党的基本思想方法、

---

[1] Modernising Govenment, Presented to Parliament by the Prime Minister and the Minister for the Cabinet Office by Command of Her Majesty, March 1999.

[2] Professional Policy Making for The Twenty First Century, Report by Strategic Policy Making Team Cabinet Office, September 1999.

第10章 循证

工作方法、领导方法。2019年10月，十九届四中全会通过的若干重大问题的决定中提出，提高党的执政能力和领导水平，必须"健全决策机制，加强重大决策的调查研究、科学论证、风险评估，强化决策执行、评估、监督"。这是从建设中国式现代化的角度，对完善我国决策机制提出的新要求，也是对循证决策理念的认可和实践。

目前，经过30多年的发展历程，循证医学以其独特的视角，科学的方法，跨学科、跨地域合作的创新模式，迅速传播到了150多个国家和地区的卫生领域和医学教育的各个方面。不仅如此，循证医学实践中抽象出的"循证决策""循证主义"等，在医学之外的地方也迅速生根发芽。循证教育、循证治理、循证公益、循证管理等，正在引起众多研究者和实践人士的关注。尤其是循证运动的进程伴随着"数据风暴"的兴起，人们获取和使用数据的能力史无前例。很多时候，数据即证据，"有数的循证"显然更加靠谱。

可以说，循证理念之所以能够推广开来，是因为它既注重求证也注重循证，既强调理论也强调实践，既包含理性客观也囊括人文关怀，既对标最佳也因地制宜，既循规蹈矩又兼容并蓄……最重要的是，它实事求是！

三

唯一获得诺贝尔经济学奖的管理大师赫伯特·西蒙（Herbert A. Simon）曾以"有限理性"来挑战传统经济学的"完全理性人"假设。他的推论过程大致是这样的——想要做到完全理性，得满足两个前提条件：拥有完全的信息、拥有处理完全信息的能力。然而，完全信息是趋向于无限的，处理信息是需要投入注意力的，但人的注意力却是有限的。由此，完全理性相当于以有限的注意力去处理无限的信息，这是不可能的。所以最终结论是，完全理性是不成立的。

西蒙挑战完全理性假说之后，提出了自己的解决方案，那就是"有限理性人"假设。区别在于，完全理性追求最优解，而有限理性追求满意解。有限理性的假设是非常符合管理实际的，因为在管理实境中，每一位管理者都是在没有掌握充分信息的情况下做决策的，因此追求最优解只是个幻想，管理者普遍只能寻求在当时、当地还算满意的选项。这进一步引申出，管理是一种决策，决策是一种选择，而选择是一种放弃。基于此，评价一个决策选项优劣的现实标准就是"机会成本"的大小——选择了一个选项而放弃掉的所有选项中效用值最大的那个，就是因为选择而产生的机会成本。这听上去也许有点绕，举个例子：假如你既可以吃香蕉也可以吃苹果，只能二选一，那么你选择了吃香蕉的机会成本，就是你如果吃苹果所带来的效用值。

基于西蒙的管理思想，可以说管理决策者几乎每时每刻都在寻求现实情境下的最好决策，也就是满意解或更满意解。甚至说，管理学领域中的所有理论进展，都是为了帮助管理者做出更好的决策。没有最好只有更好，可是，怎样才能做出最好决策呢？

先来说说科学管理理论（Scientific Management）的思路。

这一理论的开山鼻祖是弗雷德里克·温斯洛·泰勒（Frederick Winslow Taylor），他倡导用科学的方法观察、记录和分析工人的工作过程，找出最佳实践，并归纳总结出共性规律，形成标准化操作规范，然后培训员工，使之成为最佳实践的继承者，最终达到提高劳动生产率的目的。对此，泰勒将科学管理定义为："诸种要素——不是个别要素的结合，构成了科学管理，它可以概括如下：科学，不是单凭经验的方法。协调，不是不和别人合作，不是个人主义。最高的产量，取代有限的产量。发挥每个人最高的效率，实现最大的富裕。"看到这个定义，再跟上文循证医学的三元素做

蝶变5：打开数业时代新图景

个对比，就能发现二者的核心理念高度一致。这体现在：都注重最佳实践，都注重融合个人经验，都将两者聚焦于解决一类问题（管理问题是劳动生产率，医学问题是患者健康）。此外，也都遵循先求证再循证的基本思路。

这当真是"阳光底下无新知"！

让我们来看看管理大师是怎么"治病救人"的吧。在泰勒生活的时代，英美工商界普遍存在"磨洋工"的现象。一方面，资本家总嫌工人干活少、拿钱多，于是通过延长劳动时间、增加劳动强度的方式来加重对工人的剥削；另一方面，工人总认为自己干活多、拿钱少，就用"磨洋工"来消极对抗。如此一来，整个企业的劳动生产率肯定不高。

如何解决呢？泰勒分析，工人的目标是付出工作时间赚取最多的工资，资本家的目标是付出工资获得最大的收益。泰勒进而指出，这两个目标之间看起来不相容，实质上并不是对立的，原因是存在这样两个基本事实（也可以看作是"证据"）：其一，如果员工收入比目前多，差不多所有行业的工人都能提高产量；进而如果每个工人和每台机器都能提高产量的话，那么资本家就一定愿意为每份工作付出更高的工资。其二，大多数企业中，间接费用等于或超过了工人的直接工资，这些间接费用不论产量大小都是相对固定的，产

第10章 循证

量增加则分摊到每件产品上的间接费用就会下降。

基于以上两大事实,泰勒认为应该先给资本家和员工松绑,让资本家明白这种逻辑关系,使之先主动打破工资的天花板,然后员工就会跟着努力提高生产率,最终形成正向循环。由此,泰勒提出了"计件工资制度"。具体来讲,一是设立专门制定定额的机构,负责确定一项工作的定额;二是制定出有科学依据的工人"合理的日工作量",也就是劳动定额;三是根据定额完成情况,实行差别计件工资制,使工人的贡献大小与工资高低直接挂钩。

这三项举措,离不开劳动动作研究和劳动时间研究,以寻找劳动定额的"最佳证据"。针对劳动动作研究,泰勒把工人的每次操作分解成若干动作,再把动作细分为动作要素。然后,研究每项动作的必要性和合理性,据此决定去掉哪些不合理的动作要素,保留必要动作,最后对这些必要动作依据经济、合理的原则加以改进和合并,直到形成标准的作业方法。在劳动时间研究上,泰勒利用秒表对工人的每项劳动动作所需要的时间进行记录,再去掉工人一些生理需要的时间和不可避免的情况而耽误的时间,形成基于标准作业方法的标准作业时间。基于这两项研究结果,就可以确定工人的劳动定额,也就是一天时间里的合理工作量。

这样一来，泰勒就把工人的目标与资本家的目标由过去的对立矛盾，转化到了统一的劳动生产率标尺上，磨洋工现象"药到病除"。

泰勒的逻辑是不是跟循证医学有着异曲同工之妙？整个过程活脱脱就是一个先求证、再循证的手法。要知道，泰勒的科学管理思想诞生于20世纪初，其流传百年的管理经典著作《科学管理原理》(*The Principles of Scientific Management*) 出版于1911年。从这个角度来看，循证思想得"名"于现代，但得"实"于近代。

四

在循证主义之下，管理和医疗并没有太大的区别，只不过管理的对象是组织，医疗的对象是患者而已。作为一名管理者，工作的实质就是做出决策并实施，这跟一名医生的工作是一样的。另外一个共同之处在于，这两个职业服务的对象都是"活体"，组织是活的，人也是活的。所以，管理和医疗不同于工程实践——机械维修人员可以把机器停下来，按部就班修理好再发动起来，但医生不能让患者的心脏停下来，修好再发动，管理者也不能让整个组织停下来，大卸八

第10章 循证

块然后修理好再上路。

对于像管理和医疗这样的"实践"领域从业者而言，必须学会"一边开车一边修车"的技艺才能生存。历史上曾经有无数企业家力挽狂澜，带领公司实现"谷底大翻身"的案例，但所有这些案例都必须承认一个基本的假设前提——公司得活着，治疗"僵尸"没有意义，也无必要。在这样的情势下，经营一家企业从来没有一份标准的《维修指南》可供参考。历史上那些以"工程"来命名的管理活动之所以要么收效甚微，要么一败涂地（比如曾经风行的流程再造工程），是因为面对"活体"，工程思维顶多提供了认知其为何物的方法论，但想要回答如何做的问题，就难以保证预期的结果了。

为了弥补工程思维在管理领域的局限，一种以"标杆研究"或"案例分析"为主要手段的经验主义哲学开始兴起，代表性人物是"管理大师中的大师"彼得·F.德鲁克（Peter F.Drucker）。这一派观点的由来是，针对组织这样的活体，虽然没法完全"工程化"，但我们可以寻找它在某个领域的"最佳实践"，也就是看看之前有哪些公司也面临过同样的问题，人家当时是用了什么方案，以及这个方案效果如何？通过对这些问题的分析研究，就可以提升管理者对自己所面临问题的认知，并提供决策备选。由此，案例库建设和案例研究成为商学教育的主要手段。案例分析法可以让端坐在教室里的管理者和学生,置身于文字模拟出的商业实境当中,调动思维和创意,拓宽自身对错综复杂的管理问题的认知范畴,不啻为一种卓越的管理培训方法。

但是,这种经验主义范式也有很大的局限性,主要体现在:其一,案例再好,也不是真正切实的商业实境,任何编写案例的人都或多或少或有意地掺杂了自己对管理问题的预设结论,甚至往往是先有了预设结论,才动手去寻找案例。从这个意义上来讲,案例都不能算作是"病例"。其二,案例分析经常是"站着说话不腰疼",分析者自身抽离于当时当地的组织之外,且不需要为决策承担后果,所以即便能够诞生奇思妙想,真正切实可行的方案也寥寥无几,毕竟这只是个模拟。我不否认模拟对于培训一名潜在管理者的重要性,我质疑的是,一名真正的管理者,是不是依靠这种简单模拟就能培养出来。其三,即便案例分析提供了丰富的洞见和备选策略,但拿到一个类似的现实管理情境中,仍然很难取得同样的效果。市场上一旦出现成功的企业,学习者、模仿者蜂拥而至,但对这些成功案例来讲,往往"一直被模仿,从未被超越",就像我们明明知道"北京的一只蝴蝶扇动一下翅膀,就能在纽约引起一场风暴",却不知道"我想

第10章 循证

在纽约引起一场风暴,北京的这只蝴蝶该如何扇动翅膀"一样。探究清楚了"因",并不能确保同样的"果"——这是管理领域最大的迷思。其四,案例越来越难创立。在当今链接密布的商业领域,一家企业的边界越来越模糊,导致企业成败的因素也越来越复杂。任何一个管理问题,都交织着几乎无限的背景信息,想要在其中抽丝剥茧地找出定义清晰的问题成因,难上加难。

我斗胆预测,管理世界中的案例研究就要走到头了。

这该如何是好呢?任何鲁莽的建议恐怕都是陷阱。管理史大家、著有《管理百年》一书的斯图尔特·克雷纳(Stuart Crainer)曾经一针见血地指出:"管理只有恒久的问题,没有终结的答案。"对于每一家企业而言,不管你发现与否、解决还是不解决,问题永远在那里。更要命的是,没有一家企业不存在管理问题。可见,管理问题是一个组织的宿命,是不容回避的管理现实。作为管理者,其工作的意义就在于不断地"推进"管理问题的解决,但同时需要清晰地意识到,管理问题没有被"消灭"的那一天,任何解决方案都是"暂时的",没有一劳永逸的办法。

用这样的视角来看待管理,就要学会像医生一样工作了:假定一个公司永远都处在"病态",只是有些时候"病情"没有那么严重，所以根本不需要"治疗"，但有的时候病情发展了，就需要"打针吃药"甚至"外科手术"。一切工作的终极目的，就是让一个组织相对健康地活下去，即便依旧"有病"在身。

这个思路是让管理者承认组织是一具"活体"，不回避组织的"病态"事实（即便偶尔看起来没病），始终致力于让组织"健康运转"（注意，健康运转并不意味着没病），而不是寻求一个一劳永逸的解决方案。显然，这种模式不是工程或机械思维的，当然也不是经验主义的。确切地说，这是一种"数验主义的管理"！

五

所谓"数验主义"，是加入了数据要素之后的一种新型的经验主义，通过数据折射出的规则来认知管理问题和驱动日常管理工作。

需要强调的是，由数据出发的管理通常很难得到"经验"。这是因为，经验往往有很强的个体依附性，致使其难以直接共享，正所谓"可意会而不可言传"。但从数据出发一定可以得到"规则"，指的是从数据上看是一条"平滑的

第 10 章 循证

关系"。一般的逻辑是,先训练后推理,并且可复制、可推广。在当前数据加速渗透商业全链路的当下,数验主义的哲学很可能是循证思想在管理领域的真正化身。

想要让数验主义在管理实践中真正落地,也得同时照顾到三个要素——最佳证据、具体经验和管理目标——这是循证思想的底层逻辑。那么,如何同时做好这三者呢?

首先,最佳证据的获得在当今相比以往来说更加容易了。原因在于,证据的载体早就已经摆脱了纸质形态。这些年的信息化推进,让所有人和组织都更加重视数据和信息的收集与存储,这为进一步加工数据以萃取规则奠定了坚实的基础。更重要的是,数据相互连接的属性让网络空间里的数据彼此粘连,可以做到"牵一发而动全身",从小切口介入,就可以窥探大胜境。这样的情势,一方面让人工智能大模型得到了展现潜力的机会,另一方面也印证了,数据"致广大而尽精微"的能力正因 AI 大模型技术而被进一步升华。简单来说,现在的组织比以往任何时候都更容易训练数据以构建模型,进而对未来场景进行推理。

其次,管理实践者的个人经验在数据视域下会更加连续。现在,一名管理人员很难有"想不起来的事情",如果真的想不起来,公司的办公自动化系统或者个人的微信或者

蝶变5：打开数业时代新图景

其他办公终端，可以瞬间帮你回忆起几乎所有的管理决策。网络上常说"互联网是有记忆的"，在管理领域，网络的记性可比普通的互联网空间强大多了。举个极端的例子，某互联网大厂一旦收到供应商的反腐举报，瞬间就能通过内部数据系统将当事人的各种办公终端锁定，并第一时间调用人工智能，自动生成当事人的"廉政报告"。这个极端例子虽然涉及廉政领域，但也意味着未来组织的诸多管理领域，都会变成这样的"数验范式"。由此，个人经验在这里变成了"数验"。这么做的好处是，不但可以在短时间内对多个管理者的决策绩效进行横向比对，还能针对某个个体管理者轻松完成纵向评判。这样的方法论，可比循证思想中的"元分析法"（Meta Analysis）强大太多了。

最后，管理目标或者战略方向涉及组织的方向选择问题。关于这个问题，需要从经营数据中跳出来看待。毕竟战略不等于运营，任何借助运营数据制定的战略，都不能称为好的战略。管理者必须从运营之外寻找战略方向，这也是人为因素影响最大的领域，通常也是一个组织的领导者需要担负的主要职责。基于此，即便整个组织都被置于数验主义的范畴之内，也仍然需要为组织的个体领导力发挥留下空间。一位领导者可以获取任何数据，借此来帮他做战略方向的选

第10章 循证

择,但真正可以指导战略落地的却是"规则"(是的,规则这个词又出现了)。规则的作用是因地制宜地指导未来的行为,一个组织切实有效的战略路径,是各种组织规则博弈后的最大公约数。当然,规则来自数据训练。

以上三个方面整合到一起,就是人工智能大模型在组织层面的落地实践。随着 ChatGPT 的火爆,现在国内外各种大模型层出不穷,可以说是百模甚至千模"大战",但当前的大模型主要是技术人员讨论的话题,其在管理实践领域的应用还很初级。根据我们之前讨论过的"索洛悖论",一项新技术只有渗透到具体的管理和业务流程之中,才能真正引发生产率的提升,那么我们有理由相信,大模型的管理潜力势必会在未来得以释放。

从数验的角度来看,大模型会是一个组织未来循证管理的主要载体:其一,大模型是规则集成体,数以千亿级别的模型训练,让各种基于数据的规则得以呈现,之后借助持续的数据交互以生成内容,大模型必然会引发新规则的"涌现"。其二,大模型得以有用的前提是,个体必须对它进行"提训",可以说每一次提训,对于大模型都是一次个体经验的碰撞,由此大模型能够以极其广泛的范围和连续不断的提训来持续整合个体经验,再借助规则将个体经验予以泛化。

蝶变5：打开数业时代新图景

其三，大模型的秩序涌现将给组织带来战略洞见机会，可以说，每一次的秩序涌现都是规则指引下的战略行动指南。

当下，已经有很多平台公司清晰地意识到了数验主义管理的潜力。例如，阿里巴巴在推出"通义千问"大模型之后，于2022年11月的云栖大会上提出了"模型即服务"（Model as a Service，MaaS）的概念，将模型作为重要的生产元素，在各个行业释放力量，这是大模型能力的一次产品化过程。此外，为了繁荣MaaS生态系统，阿里云推出了"大模型自由市场"——魔搭平台（Model Scope），允许所有模型生产者上传模型，验证模型的技术能力，探索模型的应用场景和商业化模式。当然，这样的做法仍止步于技术和业务场景层面，通义千问真正发挥管理作用的空间将是钉钉平台，这应该叫作模型即管理。

尾　章

  2005年，新闻记者托马斯·弗里德曼（Thomas L. Friedman）出版了《世界是平的：21世纪简史》（*The World is Flat*）一书，甫一问世便席卷全球，很快名列《纽约时报》《商业周刊》、亚马逊书店等的畅销书排行榜首位，并被全世界七百多种报纸媒体转载。不管世界是不是平的，这本书倒是"平蹚"了全世界。

  长期的阅读和研究经历，让我对所谓的"畅销书"中的观点都报以怀疑的态度。诞生于21世纪初的这本畅销书，做出"世界是平的"这一判断并不奇怪。彼时，中国刚加入世贸组织、中美关系持续向好，各国间的国际合作日趋紧密，全球经济还未遭受金融危机的洗礼。更重要的是，以互联网为代表的科学技术日新月异，因此作者很容易得出结论

蝶变5：打开数业时代新图景

"世界正被抹平"。

时过境迁，当前世界正在经历百年未有之大变局——国际格局变乱交织，地缘政治形势紧张，乌克兰危机升级、巴以新一轮冲突深刻影响了全球安全局势。在这样的情况下，有些国家的单边主义抬头，公然鼓动脱钩断链，逆全球化暗流涌动，不确定性侵扰人心。这个时候，很多人开始认为"全球化已经结束"。

还是弗里德曼，他在2023年3月份接受媒体记者采访时，对这一观点进行了驳斥。他认为，全球化概念并不仅限于贸易，世界之所以是平的，更在于个人在全球范围内行动的能力；人与人可以在全球范围内跨国见面；人与人可以在全球范围内"云上"交流；新闻可以在一秒钟时间里接触到全球受众；各国企业可以在全球范围内合作……这就是全球化。它比以往任何时候影响力更大、传播更快、覆盖面更广，"世界比以往任何时候都更平"。

看到这样的回应，我还是挺为弗里德曼老爷子担心的。其一，全球化确实不仅限于贸易，但也不单单指人在全球范围内的行动能力，否则的话，俄罗斯人和乌克兰人可以相互自由行动吗？巴勒斯坦和以色列呢？再者说，贸易之外的领域难道世界就是平的吗？种族歧视缓解了吗？气候

尾　章

协定达成了吗？世界在大疫当前的时候精诚合作了吗？其二，理论上，因为技术的进步，使得新闻传播确实更加便捷，但实际上新闻真的比以往任何时候影响力更大吗？如果真是这样，弗里德曼的这篇采访内容也应该产生更大的影响力才对，但实际上却并没有多少人关注，即便记者在标题上冠以"《世界是平的》作者"字样，也一样没有引起大家的关心和讨论。

世界平不平暂且不说，但世界肯定变了，变得"皱巴巴的"。

可能 21 世纪初的世界确实比较平坦，就像一张平摊在桌面上的纸。但过去 20 年的局势走向，相当于这张纸被人拿起来，团成了一个团。原先一目了然的秩序折进了纸团的凹痕里，要花费很大的工夫才能找出脉络和线路。造成这一现象的原因，除了政治力量的博弈，在我看来更重要的是——这原本就是数字世界或者数业时代的本来面貌。是的，数业社会就是"皱巴巴的"。

为什么这么讲呢？请再次想象一下"纸张被揉成团"的景象。

假定一张纸上密布着各个圆点，每个圆点代表旧世界里的一个国家、一个企业、一个人，你可以把这些个圆点想象

203

蝶变5：打开数业时代新图景

成任何东西，他们在过去是平摊在一张纸上的，任何两个圆点之间的距离和关系是确定的。也就是说，我们可以准确地知道如何从这个点到那个点，甚至能测量出从这个点到那个点的实际距离是多少。在这样的情况下，这个世界对于每个圆点来讲都是确定的。

现在，我们拿起这张纸，揉成一团，不要停下，一直不停地揉……一边揉，一边想象这个纸团上的每个圆点会有什么变化。此时，每个圆点都在不停地运动，位置也在不断变换。与此同时，任何两个圆点之间的关系也都在不断变化，时而接近、时而疏远，在一个三维的空间里飘来荡去，忽左忽右，忽上忽下。这时候，世界开始变得不确定了。

接下来，请你再想象一个更复杂的场景：镶嵌在纸张上的每个圆点都长出无数条"数据触须"，这些触须可以摆脱纸张的物理束缚，在被揉来揉去的纸团空间里寻找其他圆点的触须，一旦两条触须相遇，就能"牵手成功"（当然也可能瞬间"解体"）。这个时候，牵手的两条触须会相互拉扯，试图拽近两个圆点之间的距离。但这些圆点是被镶嵌在纸上的，所以这个相互拉扯的力量又会加速纸团的变化。反过来，相互解体的触须会将对方推向更远处，也会导致纸团的变形。

尾 章

"触须"大致可以代表数据能量对这个世界的影响。我们现在生活的地球，就是一个布满了圆点、充斥着触须的、不断被揉来揉去的大纸团子！

我们把这个叫作"数实共生"。

2022年1月，中国科学院院士、国家最高科学技术奖获得者、"中国肝胆外科之父"吴孟超院士和他的夫人吴佩煜教授的追思暨安葬仪式在上海福寿园举行。在这场追思会上，通过数字技术再现了吴院士的音容笑貌，在场的同事、学生、一起工作的医护人员再次与吴院士时空对话。"那个世界"的吴院士还关切地问道："现在医院看病和手术的病人多不多，护士的待遇有没有提高，大家都好吧？""这个世界"的人们泪洒现场，一一回应了他的关心，并且叮嘱："在那边不要太累。"

2022年10月，在AI播客（podcast.ai）平台上，美国知名主持人乔·洛根（Jeo Rogan）和已故的苹果公司创始人乔布斯进行了一场24分钟的对话，讨论内容包括乔布斯当年在里德学院读书时的趣事、对苹果公司1993年出品的牛顿电脑（Newton）的看法，以及技术是把双刃剑等。当然，这场对话的主持人和被访嘉宾都是人工智能支持的，观点和声音全部来自机器自动合成，但效果却足以以假乱真。

蝶变5：打开数业时代新图景

看到了吧，纸张变成纸团、触须相互拥抱，改变的可不只是空间距离，就连一向刚性的时间也被重新折叠了。所以，哪还有什么确定性可言？

诺贝尔文学奖得主、美国文学史上最具影响力的作家之一威廉·福克纳（William Faulkner），在1950年出版的小说《修女安魂曲》(*Requiem for a Nun*)中写过一句话："The past is never dead. It's not even past."意思是"过去的永不消逝，它甚至并没有过去"。

过去的都在褶皱里，被揉搓着……

后 记

想法归想法，要把想法变成一本书，还是需要等待一个合适的契机的。过去这一年多的时间里，我的脑子里涌现过无数的想法——一会儿觉得这个想法有必要跟大家分享，一会儿又觉得那个想法更好。可以说，我跟脑子里的"想法们"干了一年的仗，时而被它们攻陷阵地，时而我又重新夺回地盘。

但书稿却一个字也没落笔。不是不想写，是担心无法完整地写完。就像跑步一样，每天跑个几公里倒还能坚持，偶尔跑个十公里也还行，时不常地跑个半马也是可以的，但要拿下全程马拉松就不是容易的事情了。

从 2020 年下半年开始，我就有规律地跑步，虽然每个月都能跑个 100 来公里，但从没想过挑战全马。直到结结实实积累了两年之后，2023 年 2 月底终于完成了人生的首个全马，成绩是"5 小时零 4 分钟"。这成绩属于很菜鸟的那种，但总归是了了自己的一个心愿——咱也是跑过全马的人！

创作这本书像极了我的跑步历程。为了最终能够写出全稿，我在过去的一年里一边跟脑中的想法干架，一边顺手做些记录和思考。积累了一段时间后，也就有了零零散散的一些素材。但我清醒地知道，无论平常跑过多少次 5 公里、10 公里，全马都是一个不可相提并论的事情。它不是之前零散跑步的简单相加，而是需要你拿出一整块儿的时间来，专心致志地跑完全程。

我就卡在这个"整块儿时间"上了。今年，在收获酸爽的人生"首阳"之后，以为终于迎来了可以自由活动的时刻。但谁承想，适应了三年"茧居"生活的我，在重归田野后还真有点儿忙得不可开交——各种过去耽误了的工作、任务蜂拥而至，跟一个个索命鬼一般；各个亲朋好友的邀约也纷至沓来，大家都急吼吼地想要"面谈"；各种授课任务接踵而至，调研和参访也马不停蹄。这一番不亦乐乎的忙，让我都快忘了还要写《蝶变 5：打开数业时代新图景》这事儿了。

后来，"蝶变"系列的总策划王留全老师给我出了个主意：要不，把之前国内外调研企业的札记随笔修整、完善一

后　记

下，出一本"蝶变案例集"？这样又省心，又能延续"蝶变"系列。我知道留全老师是好心，担心我吹出去的"每年一本《蝶变》"真的变成吹"牛皮"。

对这一建议，我还真动了那么一点心。但很快，脑子里的想法们不干了，它们又一次冲击着我的头脑，哭着、喊着、蹦着、跳着要"出圈"（从我脑子里跳出来）。罢了，我还是成全这帮想法吧。

国庆节长假显然是个"跑全马"的好契机，我得抓住。

接下来，整个书写过程可以说相当顺利。我也不着急，每天几千字，边输出边修修补补，边思考甄别边找好友讨论切磋。就这样，一个又一个想法欢脱地蹦出头脑，化为文字，变成章节，最终集腋成裘。想必读者在阅读的时候，应该都准确地识别出了这些想法，也能想象到它们曾经沸腾作妖的样子吧！

若如是，我心甚慰。

最后，感谢陪伴我一路走来的"蝶变"系列的家人、朋友们，书中的每一个字都饱含了大家的深情厚谊；感谢"监工"王留全老师，没有他的督促，这本书不可能这么快面世；感谢书中提到的每个企业和人物，正是你们的精彩才让我言之有物；感谢给我思想借鉴的思想家和研究者们，是你们让那些或调皮或疯狂的想法知道了规矩，形成理论并跃然纸上。

致敬数业时代，让我们置身于数据商业的新图景吧！

杨学成

2023 年 11 月 26 日于北京